Das Buch

»Henriette, du warst immer sehr stark.« Diese Worte ihrer geliebten Mutter waren Henriette Akofas einziges Gepäck, als sie mit fünfzehn Jahren das heimatliche Togo verließ, um in einem – wie sie glaubte – strahlenden Paris ein neues Leben zu beginnen. Eine Freundin der Familie hatte versprochen, ihr den Traum von einem französischen Schulabschluss zu erfüllen – gegen etwas leichte Hausarbeit. Aber eine Schule wird Henriette nie besuchen können, denn sie wird buchstäblich versklavt: Ohne Bezahlung und unter strengster Bewachung muss sie rund um die Uhr im Haushalt schuften, wird in Lumpen gekleidet und darf sich nur von Essensresten ernähren. Erst nach über vier Jahren der Ausbeutung und Demütigung gelingt der völlig entkräfteten Henriette mit Hilfe einer Nachbarin die Flucht ... Ein erschütterndes Frauenschicksal – mitten unter uns.

Die Autorin

Nach ihrer Rettung aus der Gefangenschaft durch das »Komitee zur Abschaffung moderner Sklaverei« schrieb Henriette Akofa ihre Geschichte auf. Ihr Buch soll keine Abrechnung sein, sondern ihr selbst helfen, sich von ihrer Vergangenheit zu befreien. Henriettes frühere »Arbeitgeber« wurden vor Gericht gestellt und verurteilt. Sie lebt weiterhin in Paris und durchläuft zurzeit eine Ausbildung zur Krankenschwester.

Henriette Akofa

Keine Zeit für Tränen

Mein Leben als Sklavin in Paris

*In Zusammenarbeit
mit Olivier de Broca*

Aus dem Französischen
von Martin Bauer

Ullstein

Der Ullstein Taschenbuchverlag ist ein Unternehmen
der Econ Ullstein List Verlag GmbH & Co. KG, München
Deutsche Erstausgabe
1. Auflage 2001
© 2001 für die deutsche Ausgabe by Econ Ullstein List
Verlag GmbH &Co. KG, München
© 2000 by Éditions Michel Lafon
Titel der französischen Originalausgabe: *Une esclave moderne*
(Éditions Michel Lafon)
Übersetzung: Martin Bauer
Redaktion: Friederike Heitsch
Umschlagkonzept: Lohmüller Werbeagentur GmbH & Co. KG, Berlin
Umschlaggestaltung: DYADEsign, Düsseldorf – Thomas Jarzina
Titelabbildung: Tony Stone, Hamburg
Gesetzt aus der Sabon, Linotype
Satz: hanseatenSatz-bremen, Bremen
Druck und Bindearbeiten: Elsnerdruck, Berlin
Printed in Germany
ISBN 3-548-36265-6

Inhalt

Vorwort	7
Togo	9
Paris mit gesenktem Kopf	45
Paris mit hoch erhobenem Kopf	173
Nachwort von Robert Badinter	188

Vorwort

In diesem Buch werde ich meine Geschichte so wahrheitsgetreu wie möglich erzählen. Ich schreibe sie so nieder, wie ich sie empfunden habe, das heißt, ohne Hass auf diejenigen, die mir so viel Leid angetan haben. Um die Identität gewisser Personen zu schützen, habe ich die meisten Namen abgeändert – was aber am Wahrheitsgehalt meiner Aussagen nichts ändert. Mir ist nicht daran gelegen, einzelne Menschen anzuprangern (ich empfinde eher Mitleid als Hass), sondern vielmehr eine moderne Form der Sklaverei. Zum Glück wird einer immer breiteren Öffentlichkeit bewusst, dass es diese moderne Form der Sklaverei gibt, auch wenn sie im Einzelfall oft schwer nachzuweisen ist.

Die Niederschrift des Buches hat mich erleichtert und mir dabei geholfen, die Vergangenheit zu begraben. Doch über mein Einzelschicksal hinaus denke ich an all die Mädchen, die ähnliche – und manchmal noch viel schlimmere – Situationen erlebt haben. Viele haben körperliche Schäden davongetragen, während ich zum Glück nur psychisch gedemütigt wurde. Die meisten der Opfer haben auch nie Gerechtigkeit erfahren, weil ihren »Eigentümern« aus Mangel an Beweisen oder Zeugen nichts nachgewiesen werden konnte. Manchmal waren die Täter sogar durch die diplomatische Immunität geschützt.

Diese Opfer, die nie öffentlich über ihren Kreuzweg berichten konnten, bleiben für ihr Leben von Scham gezeichnet. Ihnen widme ich dieses Buch und ich wage zu behaupten, in ihrem Namen zu sprechen.

Meine Gedanken gelten all jenen, die heute gedemütigt, ausgebeutet oder geschlagen werden, und ich hoffe, dass mein Beispiel ihnen ein wenig Hoffnung und Mut macht. Man kann seine Würde zurückerobern!

Togo

In Sokodé lagen Mais- und Hirsefelder hinter unserem Haus, dann kam der Fluss. Er war breit, sein klares Wasser sprang in kleinen Wasserfällen die Felsen hinunter. Sobald wir mit den Hausaufgaben fertig waren, rannten wir zum Ufer hinunter, wichen dabei mit unseren nackten Füßen den Steinen aus und hinterließen im weichen Boden eine Spur. Meine Geschwister stürzten sich ins Wasser oder angelten Krebse. Nur ich stand am Ufer und sah zu, denn ich konnte als Einzige nicht schwimmen. Einmal hat mich eine meiner Schwestern huckepack genommen, ist zum Fluss gerannt und hineingesprungen. Das Wasser hinderte mich daran, vor Entsetzen zu schreien. Ich glaubte zu ertrinken. Seitdem fürchte ich mich vor Wasser.

Praktisch jeden Morgen schickten meine Eltern einen von uns zum Milchholen auf einen Bauernhof am anderen Flussufer. Ich ging nur ungern dorthin, weil man auf dem Weg eine alte Holzbrücke überqueren musste, die unter den Schritten schwankte. Auf der Mitte des Stegs wandte ich mich um und erschrak, wie weit das Ufer entfernt war. Von Panik gelähmt, blieb ich lange wie angewurzelt stehen. Oft richtete ich es so ein, dass mich jemand begleitete. Dann ging zum Beispiel mein Bruder Charles als Erster, ich folgte seinen Schritten und meine Schwester Gisèle bildete

11

die Nachhut. Wenn ich Angst bekam, machten sie mir Mut: »Geh einfach weiter, Henriette! Hab keine Angst!«

Ich war das Jüngste von sechs Kindern. Sylvia war die Älteste, dann folgten Prince, meine Schwester Dayavo, Charles, Gisèle und schließlich ich. Außerdem lebten in unserem Haus fünf weitere Kinder – Chantal, Duval, Youl, Francis und Janvier –, die Vater von anderen Frauen hatte. Je mehr Kinder man hat, als umso reicher gilt man in Afrika. Und je mehr Frauen man hat, umso männlicher ist man – zumindest wird das behauptet.

Ohne mit der Wimper zu zucken, hatte meine Mutter die Sorge auch für die anderen Kinder übernommen. Sie liebte uns alle, unterschiedslos. Ich betete sie an, sie war die schönste Mama der Welt. Sie war groß und schlank, lächelte oft und wurde fast nie wütend. Da sie uns in- und auswendig kannte, merkte sie sofort, wenn wir sie anlogen. Dann fragte sie: »Bist du dir da ganz sicher?«, und es blieb einem nichts anderes übrig, als die Wahrheit zu beichten. Normalerweise regte sie sich über unsere Missetaten nicht auf, sondern sagte: »Denk mal genau darüber nach, was du da getan hast, und komm dann wieder zu mir.« Und später hakte sie nach: »Und? Hast du nachgedacht? Findest du, dass du gut gehandelt hast? Erinnere dich beim nächsten Mal daran.«

Meine Mutter war so sanft! Am liebsten mochte ich ihre langen, feinen Hände. Wenn sie mich liebkoste, fühlte ich mich wie eine glückliche kleine Prinzessin. Oft sang sie mir Lieder vor: »Mein Kindchen, mein Schatz, ich kaufe dir ein schönes Kleid, Papa kauft dir Schuhe, dein Bruder ein Paar Strümpfe, deine Schwester einen Hut …«

Ich bewunderte auch ihren Kampfgeist. Leider kann man aber nicht behaupten, sie sei glücklich gewesen. Ich liebte meinen Vater sehr, er sorgte gut für seine Familie, aber ich werfe ihm vor, dass er mehrere Frauen geheiratet hat. Das führte oft zu Streit. Mein Bruder Charles sagte anlässlich eines solchen Streits einmal, dass er später Präsident der Republik werden und ein Gesetz verabschieden würde, das jedem Mann nur eine Frau gestattet.

Mein Vater ist Polizeikommissar, hat etliche Jahre in der Hauptstadt Lomé gearbeitet und schließlich seine Versetzung nach Sokodé beantragt, einem kleinen Flecken im Norden des Landes. Dort ließ er außerhalb des Orts ein hufeisenförmiges Haus errichten, mit einer Strohhütte im Hof und einem Garten am Fluss. Später stießen mein Großvater und zwei Onkel zu unserem Haushalt. Platz gab es genug, jedes der elf Kinder hatte sein eigenes Zimmer. Nach der Geburt meines kleinen Brüderchens Doumégnon waren wir sogar zwölf Kinder. In unserer Sprache bedeutet Doumégnon übrigens »schöne Stadt«; meine Mutter hat diesen Namen ausgesucht, weil mein Vater ihr bei unserer Ankunft in Sokodé viele Geschenke gemacht hatte und sie sich hier wohler fühlte als in Lomé.

Jeden Morgen gab es einen Stau vor dem Bad; wer nicht früh genug aufstand, musste sich hinten anstellen. Nach dem Duschen zogen wir unsere Schuluniformen an: khakifarbene Kleider für die Mädchen, weiße Hemden und beigefarbene Hosen für die Buben. Dann frühstückten wir alle im großen Esszimmer, ich schlang eine Schüssel *étibé* hinunter und trank dazu Tee mit Zitronensaft und einem Schuss Milch – jener Milch, die wir jeden Morgen auf der anderen Seite des Flusses holten.

Da unser Haus außerhalb von Sokodé lag, wurden wir im Auto zur Schule gefahren. Wer zuerst fertig war, durfte mit meinem Vater fahren, die Nachzügler quetschten sich wie die Sardinen in den Wagen meiner Mutter. Anfänglich aßen wir im Ort zu Mittag, weil es nach Hause zu weit war, doch dann bekam Mama es satt, für unser Mittagessen jedes Mal so viel Geld auszugeben. Also beschloss sie, im Ort ein eigenes Restaurant zu eröffnen. Sie mietete einen Raum an, richtete ihn ein und wir trafen uns jeden Mittag dort. Weil ich die Kleinste war, musste ich immer meinen Geschwistern hinterherlaufen, die nie warteten. Oft halfen sie jedoch, die Tische zu decken und abzuräumen. Man hörte die zwei Köchinnen, die im Hinterhof Maniok stampften. Ta-tum, ta-tum, es klang wie rhythmisches Trommeln. Sie bereiteten *foufou* vor: Sie kochten Maniok, stampften ihn, bis sie einen elastischen Teig erhielten, den man dann mit verschiedenen Saucen servierte, mit Palmsamen, Auberginen, Hühnchen oder Fisch. Mutter bot auch Kugeln aus Mais oder Reis an, die im Dampf gekocht und dann in Zucker gewendet wurden. Sie stellte auch ein eigenes alkoholisches Getränk aus Hirse her, die sie einige Tage gären ließ. Das fertige Getränk wurde gezuckert und schmeckte sehr süß, machte aber schnell betrunken. Einmal habe ich gemeinsam mit meinen Brüdern heimlich eine ganze Flasche geleert. Danach lagen wir mit ausgebreiteten Armen sturzbetrunken am Boden – und so fand uns Mama!

Abends nach Schulschluss gingen wir alle wieder in Mamas Restaurant, räumten auf, spülten ab, schlossen das Lokal und fuhren nach Hause.

Auf einer Terrasse im Innenhof hat mein Vater einen schwarzen Tisch aufgestellt, an dem meine Geschwister unter der Aufsicht meines Onkels ihre Hausaufgaben machten. Ich war noch zu klein für Hausaufgaben, also schaute ich den anderen einfach zu. Es beeindruckte mich, sie lesen zu sehen. Woher wussten sie, was diese Buchstabenketten bedeuteten? Wenn ich ihnen mit meinen Fragen zu sehr auf die Nerven ging, schickten sie mich auf mein Zimmer.

Nach den Hausaufgaben halfen wir ein wenig im Garten. Charles, Janvier und Prince reinigten den Hühnerstall und fütterten die Hühner, Gisèle, Dayavo, Chantal und Sylvia rupften Unkraut und gossen den Gemüsegarten, Youl, Duval, Francis und ich arbeiteten in den Mais- und Hirsefeldern. Erst wenn wir damit fertig waren, durften wir spielen und zerstreuten uns zwitschernd wie ein Vogelschwarm.

Doch sobald unser Vater heimkam, wurden wir ruhiger, denn Vater ist eher streng. Das kommt wohl daher, dass er bei der Polizei arbeitet. Vor ihm fürchteten wir uns alle ein bisschen, vor allem, wenn er seine *samba* herausholte, eine lange Reitpeitsche aus verdrilltem Leder. Wenn wir erfuhren, dass er für eine ganze Woche geschäftlich nach Lomé oder sonst wohin musste, brachen wir in Jubel aus, weil wir uns dann daheim nach Herzenslust amüsieren konnten. Im Wohnzimmer hing das Foto einer Ordensschwester mit einer weißen Haube auf dem Kopf. Lange habe ich mich gefragt, was das Foto dort zu suchen hatte, zumal mein Vater mit Religion nichts am Hut hat. Doch eines Tages erzählte meine Mutter mir die Vorgeschichte:

Als ich drei Jahre alt war – damals lebten wir noch in Lomé – besuchte meine Mutter einen Lehrgang für die Aufnahme in das Ministerium für Jugend und Sport. Also gab sie mich untertags zu einer Kusine, die auf mich aufpassen sollte. Einmal jedoch ließ diese Kusine ein Messer herumliegen, mit dem ich mir einen tiefen Schnitt am Daumen beibrachte. Aus Angst vor der Wut meines Vaters nahm die Kusine Reißaus. Und so fand mich meine Mutter am Abend in einem Meer von Blut liegend. Sofort fuhr sie mich ins Krankenhaus, zu den Ordensschwestern. Die Schwester, die mich dort versorgte, hieß Anna. Sie war die Frau auf dem Foto. Während der nächsten Monate passte Anna auf mich auf, während Mutter ihren Kurs beendete.

Offensichtlich wuchs ich Anna sehr ans Herz; nach einiger Zeit fragte sie meine Eltern sogar, ob sie mich nicht adoptieren könne. Sie wollte nach Frankreich gehen und hätte mich am liebsten mitgenommen. Doch mein Vater lehnte ab; ich sei noch viel zu klein, er lasse mich keinesfalls ziehen, schon gar nicht in den Armen einer Ordensschwester.

Manchmal, wenn ich durch das Wohnzimmer ging, blieb ich kurz vor dem Foto stehen und überlegte. Was wäre, wenn mein Vater ja gesagt hätte? Wenn Anna mich nach Frankreich mitgenommen hätte? Dann würde ich weit von meiner Familie entfernt leben, in einer ganz anderen Welt, unter lauter Weißen. Wie würde mein Leben wohl dann aussehen?

Einer meiner Onkel lebte in Frankreich, allerdings kannte ich ihn kaum. Manchmal kam er während seiner Ferien in Sokodé vorbei und besuchte meine Eltern, aber ich war noch zu jung, um der Unterhaltung folgen zu können. Einmal ist mein Vater aus beruflichen Gründen nach Frankreich gereist und hat uns wunderschöne Pullover mitgebracht, mit blauen und beigefarbenen Streifen. Ich hängte mich an sein Hosenbein und fragte ihn, ob er Anna gesehen habe.

»Ach, lass mich doch in Ruhe! Ich hatte nun wirklich etwas Besseres zu tun, als eine Ordensschwester zu besuchen!«

Mein Großvater und meine Onkel hatten eine neue Strohhütte gebaut, ganz in der Nähe des Flusses. Wenn es sonntags sehr heiß war, aßen wir alle gemeinsam am Ufer zu Mittag. Unter dem Strohdach war es so kühl, als ob wir eine Klimaanlage hätten. Und dann aßen wir und sahen den Fluss vorbeiziehen.

Das Haus war rings von Steppe umgeben, dahinter fingen die Hügel an. Oft unternahmen wir lange Spaziergänge im Wald, die Affen sprangen von Baum zu Baum, wenn wir uns näherten. Manchmal hielten wir ihnen Bananen hin, dann kamen sie vorsichtig näher. So haben wir auch Bistiqua gezähmt. Er hat sich allmählich an uns gewöhnt, und irgendwann haben wir ihn dann mit nach Hause genommen.

Früher gab es in unserer Gegend sogar frei lebende Löwen und Elefanten, aber sie richteten große Schäden an, verwüsteten Felder und wagten sich manchmal bis in die Straßen des Ortes vor. Heute ist der Großteil der wilden Tiere erlegt, ein kleiner Rest lebt in dem nahe gelegenen Naturschutzgebiet. Dennoch zündete mein Großvater jeden Abend vor der Hütte ein Feuer an, um die Löwen fern zu halten. Um diese Lagerfeuer versammelten wir uns dann alle und Großvater erzählte Geschichten aus der alten Zeit. Wir starrten ins Feuer und hörten zu. Oft sangen wir auch gemeinsam oder spielten unter dem Sternenhimmel Theater.

Charles, mein Bruder, war die Seele dieser Spiele. Dank seiner überschäumenden Phantasie herrschte bei uns daheim Lebensfreude. Immer wieder erfand er Lieder und Stücke, die wir dann gemeinsam wiederholten. Alle liebten ihn. Er brachte uns zum Lachen und fand die richtigen Worte, wenn wir niedergeschlagen waren. Vor allem aber war er der Liebling meines Vaters. Allen anderen Kindern war Vater schnell einmal böse, aber Charles sah er alles nach.

Nach der Geburt von Doumégnon konnte sich meine Mutter nicht mehr so viel mit mir beschäftigen; damals habe ich mich stark an Charles gehängt. Er war groß und schön; wenn er nicht zu Hause war, erwartete ich sehnlich seine Rückkehr. Schon von weitem sah ich ihn kommen. Er blinzelte mir zu, ich lief ihm entgegen und warf mich in seine Arme. Dann trug er mich einen Moment huckepack. In seiner Nähe fühlte ich mich beschützt, er war der Mittelpunkt meines Lebens. Und ich wusste, dass er mich auch sehr gern hatte.

An Weihnachten bekommen alle Kinder Geschenke, aber unsere Familie war so groß, dass wir uns meist mit Kleidungsstücken begnügen mussten, die unsere Mutter selbst genäht hatte. Eines Tages verriet ich Charles, dass ich gerne eine Puppe hätte, wie alle anderen Mädchen auch. Er schwieg. Doch nur wenig später brachte er mir eine Puppe, die er aus Stroh, Stoffresten und Schnur gebastelt hatte. Nie habe ich ein großartigeres Spielzeug geschenkt bekommen!

Wir waren glücklich.

Doch als ich zwölf war, kippte alles ganz plötzlich. Damals hatte mein Vater ernste Sorgen und großen Ärger in der Arbeit. Einmal musste er das Haus verlassen und wochenlang hörten wir nichts von ihm. Meine Mutter musste sich ganz allein um uns kümmern.

Eines Abends, es war ein Freitag, klagte Charles über Schmerzen im Knie. Am nächsten Tag konnte er nicht mehr gehen, worauf Mutter beschloss, ihn ins Krankenhaus zu bringen. Bevor er abfuhr, nahm Charles seine Katze und reichte sie mir.

»Henriette, kümmere dich um sie.«

Das Auto verschwand in der Ferne.

Ich habe Charles nie wiedergesehen. Noch am gleichen Abend ist er im Krankenhaus gestorben.

Es heißt, die Zeit heile alle Wunden. Aber diese Wunde heilt nicht. Viele Jahre sind seither vergangen, doch diese Wunde klafft noch immer in meinem Herzen.

Charles hatte sein ganzes Leben noch vor sich. Anfangs

weigerte ich mich, an seinen Tod zu glauben. Gott konnte ihn doch nicht einfach auslöschen. Charles war doch so jung, so nett und so begabt. Sein plötzliches und unfassbares Verschwinden ließ uns wie betäubt zurück. Als ich endlich verstanden hatte, dass er nicht mehr zurückkommen würde, endete auch mein Leben.

Nachts legte ich mich in sein Bett und dachte daran, wie er mich früher oft in mein Zimmer zurückgetragen hatte. Doch am nächsten Morgen lag ich immer noch am selben Ort. Da fing ich an zu weinen.

»Charles, warum hast du mich verlassen? Wie soll ich ohne dich auskommen?«

Mama hörte meine Klagen und versuchte trotz ihres eigenen Kummers, mich zu trösten. »Dein Bruder wäre sehr traurig, wenn er dich in diesem Zustand sähe.«

Ich holte die Strohpuppe, die er mir geschenkt hatte, und erinnerte mich an seine Worte: »Man muss das Leben nehmen, wie es kommt, denn man kann das Schicksal nicht ändern.«

Das Begräbnis fand in Abwesenheit meines Vaters statt, von dem wir immer noch keine Neuigkeiten hatten. Mutter musste diese Prüfung ganz allein durchstehen. Ach, meine arme Mutter! Es muss über ihre Kräfte gegangen sein, ihren eigenen Schmerz zu überwinden und sich um uns zu kümmern.

Ganz überraschend rief dann mein Vater an. Gott sei Dank, er lebte noch! Wir waren erleichtert. Er hatte gerade vom Tod meines Bruders erfahren; ein Onkel, den wir auf die Suche nach meinem Vater geschickt hatten, hatte ihm die Nachricht überbracht. Als Vater heimkam, wirkte er sehr niedergeschlagen. Alles war längst vorbei, Charles begraben. Vater hatte seinen liebsten Sohn kein letztes Mal sehen können, hatte sogar das Begräbnis verpasst. Irgendetwas schien in ihm zerbrochen zu sein, er ging mehrere Monate nicht zur Arbeit.

Das Leben war aus unserem Haus gewichen. Niemand wagte zu sprechen, denn sobald einer den Mund aufmachte, brachen die anderen in Tränen aus. Wir mussten alle persönlichen Dinge von Charles wegwerfen oder verschenken, denn jedes Mal, wenn Mutter auf eines seiner Kleidungsstücke stieß, brach der Schmerz wieder hervor. Sie sprach von Selbstmord und fiel oft in Ohnmacht. Ohne ihren Sohn war sie verloren.

Wir konnten nicht länger in Sokodé bleiben, die Erinnerungen waren zu schmerzlich. Daher beantragte Vater seine Versetzung nach Lomé. Mutter schloss das Restaurant, wir verließen das Haus am Fluss und kehrten in die Hauptstadt zurück. Während der Fahrt hielt ich Charles' Katze auf dem Schoß.

In Lomé zogen wir in ein kleines Landhaus. Doch das Leben weigerte sich nach wie vor, in gewohnte Bahnen zurückzukehren. Immer noch wagten wir kaum zu sprechen, aus Angst, *seinen* Namen zu erwähnen. Sechs Monate lang zog sich meine Mutter völlig zurück, aß kaum und wollte niemanden sehen. Erst nach einiger Zeit willigte sie ein, Besuch zu empfangen und hin und wieder das Haus zu verlassen. Sie bekam eine Stelle im Sekretariat des Ministeriums für Jugend und Sport, fing wieder zu arbeiten an und stürzte sich verzweifelt auf die neue Aufgabe.

Vater war mürrisch und aggressiv geworden, wollte nichts mehr von uns Kindern wissen, blieb uns fern. Morgens stahl er sich vor uns aus dem Haus, wir sahen ihn kaum. Früher waren wir immer gemeinsam losgefahren, und er hatte uns zur Schule gebracht. Doch hier in Lomé lag die Schule ganz in der Nähe, wir gingen zu Fuß dorthin. Abends kam Vater heim, murmelte ein »Guten Abend«, aß an einer Ecke des Tisches und verschwand in seinem Zimmer.

Später beschloss er, ein neues Haus zu bauen. Weil er vor allem Ruhe suchte, wählte er ein Grundstück in einem ganz neu besiedelten Viertel, dessen Boden gerade erst gerodet worden war. Man erreichte es über eine Straße aus roter Erde, die von Eukalyptusbäumen gesäumt war. Die Arbeiten begannen, die Maurer machten sich ans Werk. Ganz allmählich öffnete Vater sich wieder. Eines Tages versammelte er die ganze Familie vor der Baustelle und sagte: »Schaut mal, das wird euer Stockwerk, hier kommt mein Arbeitszimmer hin, dort werden die Gästezimmer liegen.«

Während er seine Pläne erklärte, wurde er immer lebhafter; dennoch fühlten wir, dass er noch lange nicht wieder der Alte war. Früher flößte er uns manchmal Angst ein und brachte uns gleichzeitig zum Lachen. Jetzt nicht mehr; irgendetwas war in ihm endgültig zerbrochen.

Das Haus wuchs auf drei Stockwerke an: Im Erdgeschoss lagen sieben große Zimmer, zwei Bäder und die Küche, im ersten Stock befanden sich nicht weniger als elf Zimmer und zwei Wohnzimmer. Wenn es in heißen Nächten zu stickig im Haus wurde, konnten wir auf der Terrasse schlafen. Der Wind, der vom Meer wehte, trug die Geräusche der Stadt zu uns herüber, Fetzen von Musik und das Knattern schwerer Motorräder.

Im Hof standen ein Mangobaum und – auf der gegenüberliegenden Seite – ein kleines Gebäude, in dem Vater sein Arbeitszimmer eingerichtet hatte. Er baute eine Strohhütte, wie wir sie in Sokodé gehabt hatten, und wir Kinder pflanzten die verschiedensten Bäume: Zitronen-, Papaya- und Avocadobäume. Hinter dem Haus lag der Stall für die Ziegen und Schafe, die wir abends zum Weiden auf ein benachbartes Feld führten. Wir gingen zu sechst oder siebt, alle mit einem Stock bewaffnet, weil die Tiere in alle Richtungen liefen. Den Affen Bistiqua hatten wir übrigens behalten; er kam und ging, wie es ihm gefiel.

An Platz mangelte es wirklich nicht und bald wuchs unser Haushalt um fünf Kinder eines Großonkels, weitere vier Kinder des Onkels, der in Frankreich lebte, und um meine Großmutter. Alle wohnten sie in unserem Haus, das von Kindergeschrei widerhallte.

Meine Mutter fand sogar beinahe ihr Lächeln wieder. Doch es genügte, dass einer von uns etwas sagte oder tat, das sie an Charles erinnerte, und sie war den ganzen Tag krank, abwesend.

Ich dachte sehr oft an meinen Bruder, er fehlte mir ganz fürchterlich. Nachts bekam ich Alpträume, ich erlebte erneut seinen Tod und wachte in Tränen auf. Damals gewöhnte ich mir an, im gleichen Zimmer wie Gisèle zu schlafen, meine zwei Jahre ältere Schwester. Und wenn mir in der Dunkelheit die Angst die Kehle zuschnürte, schlüpfte ich oft in ihr Bett. Gisèle versuchte mich dann zu trösten: »Ich weiß, dass er dich am meisten geliebt hat und dass du sehr leidest. Aber auch wenn er uns verlassen hat, dürfen wir nicht vergessen, unser Leben weiterzuleben. Er sieht uns von dort oben zu, wir können ihm Freude bereiten. Und er weiß, dass wir uns eines Tages alle im Haus Gottes wiedersehen.«

Oft ging ich zur Kirche und betete zu Gott, er möge meinen Bruder zu sich in den Himmel nehmen. Wenig später erhielt ich die Taufe, gemeinsam mit hundert anderen Mädchen. Die Zeremonie war großartig: Wir waren ganz in Weiß gekleidet und sahen aus wie Engel. Jede trug eine Kerze in der Hand, in zwei Reihen rückten wir zum Becken vor. Der Priester legte uns eine Hand in den Nacken und tauchte uns hinein. Im Kontrast zu der warmen Nacht schien mir das Wasser kühl. Danach gingen wir in das Innere der Kirche und stimmten eine lateinische Hymne an.

Nach dem Ende der Zeremonie lud Vater alle Teilnehmer zu einem großen Festmahl ein. Viele kamen mit uns: Getaufte, Eltern, Freunde bildeten eine fröhliche Prozession durch die Straßen. Wir sangen, klatschten in die Hände oder schlugen die Trommel. Viele Anwohner traten neugierig vor die Haustür, etliche Nachbarn schlossen sich uns an. Daheim hatten wir einen Tisch gedeckt, der von einem Ende des Hofs bis zum anderen reichte. Die Tafel war so lang, dass die Kinder ganz erschöpft waren, wenn sie einmal herumgelaufen waren. In riesigen Töpfen wartete schon das Essen auf uns ... Wir feierten bis zum Morgengrauen. In jenen Stunden war ich glücklich, ich hatte Charles vergessen.

Langsam nahmen wir unser normales Leben wieder auf, manchmal gelang es uns sogar, seinen Namen zu erwähnen. »Ach, wenn Charles jetzt hier wäre!«

Es gab weitere Veränderungen im Haus. Eines Tages erschien Vater in seinem besten Anzug und verkündete, dass wir Besuch bekämen. Wir sahen eine gut angezogene Frau ankommen, die an jeder Hand ein Kind hielt. Vater versammelte uns alle im großen Wohnzimmer.

»Ich möchte euch Evelyne vorstellen, eure Stiefmutter. Und das sind euer neuer Bruder und eure neue Schwester. Sie alle werden künftig hier wohnen.«

Ohne mit der Wimper zu zucken, ging Mutter in die Küche, um für alle das Essen vorzubereiten.

Einige Zeit später holte Vater nochmals den Sonntagsanzug aus dem Schrank und rasierte sich besonders gründlich. Meine Mutter und die andere Frau werkelten in der Küche, wir hatten Musik aufgelegt. Da klingelte es und herein kam eine Frau in einem prächtigen Kleid, mit lackierten Fingernägeln, eine Göttin, vom Himmel herabgestiegen. Mitsamt ihren drei Kindern. »Kommt alle mal her!«, rief mein Vater. »Darf ich euch Tina und eure neuen Geschwister vorstellen? Gebt ihnen zu trinken!«

Würde das denn nie aufhören? Denn bald danach folgten Essi und ihre Kinder.

»Willkommen in der Riesenfamilie!«, rief ich bei deren Ankunft und verließ den Raum ohne weiteren Gruß. »Achtet nicht auf sie«, sagte mein Vater. »Sie ist noch zu jung, um das zu verstehen.«

Das stimmte allerdings. Ich verstand wirklich nicht, wie meine Mutter das aushalten konnte. Sie empfing ihre Rivalinnen mit offenen Armen und redete mit ihnen. Natürlich blieb sie die Erstfrau und behielt als solche auch den größten Teil des Hauses für sich, das gesamte Erdgeschoss. Doch die Anwesenheit meiner zwei Stiefmütter würde zwangsläufig zu Eifersucht und Streit führen.

Mein Vater allerdings war stolz wie ein Gockel. Und wir hatten gelernt, ihm zu misstrauen. Wenn er am Sonntag eine Krawatte anlegte und sich besonders gründlich kämmte, fürchteten wir jedes Mal das Schlimmste.

Doch für die nächste Erweiterung der Familie sorgte nicht Vater, sondern Sylvia, meine älteste Schwester. Sie heiratete, verließ das Haus und bekam ein Kind. Ab und zu schauten Gisèle und ich bei ihr vorbei und gingen ihr zur Hand. Eines Tages wollten wir wieder zu einem Besuch aufbrechen, da sagte Gisèle, dass sie Kopfweh habe und daheim bleibe. Sie legte sich ins Bett und schlug vor: »Geh doch allein, Henriette! Nimm von mir aus ein Taxi.«

»Kommt ja gar nicht in Frage«, antwortete ich. »Du willst dich nur vor der Arbeit drücken! Wenn du Kopfweh hast, dann nimm ein Aspirin. Wir fahren einfach mit dem Taxi, du kannst dich bei Sylvia ausruhen.«

Aber es handelte sich nicht um eine einfache Migräne. Gisèle warf sich unruhig hin und her und brabbelte unverständliches Zeug. Plötzlich warf sie alles um, was sie mit den Händen erreichen konnte. Dann fiel sie aus dem Bett und brabbelte am Boden weiter. Anfangs dachte ich noch, sie wolle mich mit ihrer Vorführung vertreiben, doch dann bekam ich es mit der Angst. Da wir allein zu Hause waren, rief ich meine Mutter an. »Gisèle liegt am Boden, sie klagt über Kopfweh und kann nicht mehr aufstehen. Was soll ich tun?«

»Hol die Nachbarn«, riet meine Mutter. »Die erkennen gleich, ob sie nur Komödie spielt.« Ich stürzte aus dem Haus und rief eine Nachbarin, die ich gut kannte, weil ich viel Zeit mit ihrem Sohn Stéphane verbrachte. Sie kam und fand Gisèle, die am Boden liegend delirierte.

»Deine Schwester glüht ja!«, rief die Nachbarin. »Sag deiner Mutter Bescheid, dass wir Gisèle ins Krankenhaus bringen.« Da Gisèle nicht angezogen war, hüllten wir sie so gut es ging in einen Schurz und brachten sie mit vereinten Kräften nach draußen. Die Nachbarin trug die Hauptlast, ich half, so gut ich konnte. Draußen hielten wir ein Taxi an. Mittlerweile hatte Gisèle aufgehört zu reden, ihr ganzer Körper war schlaff geworden. Mein Blick wurde trüb, mein Kopf fing an zu summen. Endlich kamen wir am Krankenhaus an. Gisèle schaffte es nicht, allein auszusteigen, sie wurde ohnmächtig. Die Nachbarin sprang aus dem Taxi, um Hilfe zu holen. Ich spürte Gisèle schwer und schlaff an meiner Seite. Dann brachten Sanitäter sie weg und das lange Warten im Krankenhausflur begann. Sylvia, meine älteste Schwester, stieß als Erste zu uns. Sie war beunruhigt, weil wir nicht gekommen waren, hatte daheim angerufen und erfahren, wo wir uns befanden. »Was ist passiert? Was hat sie?«, fragte sie. Ich zuckte mit den Schultern: »Man hat uns nur gesagt, sie sei sehr erschöpft und müsse sich ausruhen. Sie schläft jetzt.«

Als Mutter ankam, brachte man uns in Gisèles Zimmer. Dort lag sie, ganz ruhig, mit geschlossenen Augen.

Aus Nase und Ohren sickerte Blut. »Kommen Sie schnell!«, rief meine Mutter. Ärzte liefen herbei, machten sich an Gisèle zu schaffen, versuchten, sie wiederzubeleben.

Doch sie konnten sie nicht mehr aufwecken. Sie war tot. Entschlafen, ohne die Ursache ihres Leidens zu erfahren.

Als meine Mutter begriff, was passiert war, fiel sie in ein Koma. Die Ärzte ließen von Gisèle ab und kamen meiner Mutter zu Hilfe; Krankenschwestern brachten sie ins Nachbarzimmer.

Ich war völlig benommen und wusste gar nicht mehr, wo mir der Kopf stand. Später kam mein Vater, die ganze Familie war komplett. Hin- und hergerissen zwischen Angst und Trauer warteten wir auf Neuigkeiten über Mamas Zustand.

Schließlich teilten uns die Ärzte mit, dass es keinen Sinn habe, länger zu warten, wir sollten besser am nächsten Morgen wiederkommen. Das taten wir, doch Mamas Zustand hatte sich noch immer nicht verändert. So vergingen Tage. Daheim dachten wir kaum mehr an Gisèle, solche Sorgen machten wir uns um Mama. Würde sie aus dem Koma erwachen? Würde sie je wieder die Alte werden?

Eine Woche lang fuhren wir jeden Tag ins Krankenhaus. Gisèle lag in der Kühlkammer. Wir waren völlig konsterniert, konnten ihren Tod nicht akzeptieren. Gestern noch hatte sie sich bester Gesundheit erfreut, heute war sie verschwunden. Einfach so, ohne Grund. Ihr Tod traf mich wahrscheinlich noch stärker als der meines Bruders. Charles' Tod hatte ich nicht unmittelbar miterlebt, aber ich war bei Gisèle, als sie krank wurde, und habe nicht schnell genug reagiert, um sie zu retten. Anfangs hatte ich ihr sogar unterstellt, sie spiele Komödie, um nicht zu Sylvia fahren zu müssen. Wenn ich ihr doch nur zugehört hätte, wenn ich nur früher bei meiner Mutter angerufen hätte!

Nach einer vollen Woche erwachte Mama endlich aus dem Koma – und hatte vergessen, was passiert war.

Wie sollten wir ihr beibringen, dass Gisèle gestorben war? Wir wussten ja nicht einmal, ob sie sich auch ohne Schock wieder erholen würde. Zuerst sollte sie ein wenig zu Kräften kommen. Wir ließen sie noch drei Tage im Krankenhaus, dann brachten wir sie heim.

Mein Vater bestand darauf, dass Sylvia ihr die schreckliche Wahrheit sagen musste, doch meine Schwester weigerte sich: »Das ist allein deine Aufgabe!«

Mit Kissen im Rücken saß Mama aufrecht im Bett, um das wir uns alle versammelt hatten: mein Vater, meine Brüder und Schwestern und ich. Alle außer Gisèle. Wie sollten wir anfangen? Da fragte Mutter plötzlich: »Wo ist denn Gisèle? Ich sehe sie nicht!«

Daraufhin brachen wir alle in Schluchzen aus. Als ob wir gerade erst gemerkt hätten, dass Gisèle nicht mehr unter uns war. Erstaunt fragte Mama: »Aber was habt ihr denn? Warum weint ihr? Ist jemand krank? Ist ein Unfall passiert?«

»Gisèle ist gestorben«, antwortete Vater schwach.

Als meine arme Mutter das hörte, fiel sie erneut ins Koma. Mein Vater stürzte ans Bett, gab ihr ein paar kräftige Ohrfeigen, aber ohne Erfolg. Unmöglich, sie wieder ins Leben zurückzurufen. Also blieb uns nichts anderes übrig, als sie wieder ins Krankenhaus zu bringen. Dieses Mal wollten uns die Ärzte keine Hoffnung mehr machen: »Sie hatte beim ersten Mal schon Glück, wieder aufzuwachen. Doch nach diesem erneuten Schock sieht es finster aus.«

Den Rest des Tages verbrachten wir schweigend, ließen die Arme hängen, blickten uns fragend an. Achtundvierzig Stunden lang aß oder trank keiner von uns.

Am dritten Tag öffnete Mama die Augen. Diesmal mussten wir jeden Rückfall vermeiden; sicherheitshalber sollte Mama noch einige Zeit im Krankenhaus verbringen.

Nach einer Woche besuchten wir fünf Kinder sie gemeinsam. Wir verbleibenden fünf. Es ging ihr besser, sie lächelte, war wieder zu Kräften gekommen. »Wo ist denn Gisèle? Warum kommt sie mich nicht besuchen?«, fragte sie wieder.

Wir blieben stumm, bis eine Krankenschwester kam, uns aus dem Zimmer führte. »Ich kümmere mich darum.« Lange Minuten steckten die Krankenschwester und meine Mutter die Köpfe zusammen, dann öffnete sich die Tür, und die Krankenschwester bedeutete uns hereinzukommen. Mutter bat uns, ganz nah ans Bett heranzutreten. Tränen rollten ihr über die Wangen, als sie unsere Gesichter eines nach dem anderen in die Hände nahm und uns in die Augen sah. »Was macht ihr denn alle? Ich habe Kinder in die Welt gesetzt, damit sie zu meiner Beerdigung gehen, nicht anders herum. Wenn in dieser Familie noch jemand stirbt, dann sollte ich das sein, nicht ihr.«

Das Herz brach uns in tausend Stücke. Dass wir keine Erklärung für unser Unglück fanden, machte alles nur noch schlimmer. Selbst die Ärzte standen vor einem Rätsel, was die Todesursache Gisèles betraf. Warum diese wiederholten Schicksalsschläge im Abstand von zwei Jahren? Warum mussten mein Bruder und meine Schwester uns verlassen? Warum hatte Gott sie zu sich gerufen?

Endlich konnten wir Gisèle begraben.

Danach kam mir unser Haus schrecklich leer vor, ich fühlte mich ganz allein auf dieser Welt. Manchmal schrie ich laut auf, wenn der Kummer mich überwältigte. Mit Charles und Gisèle hatte ich hintereinander die zwei Geschwister verloren, die mir am nächsten standen. Stundenlang blieb ich in meinem abgedunkelten Zimmer, denn irgendjemand hatte mir erzählt, dass man im Finsteren warten müsse, wenn man die Toten sehen wolle. Gisèle würde sicher kommen, um ihre Sachen abzuholen. Dann würde sie mich hier finden und ich könnte sie ein letztes Mal sehen.

Sie kam aber nicht und ich beschloss, ihr entgegenzugehen. Der Friedhof lag nicht weit von unserem Haus entfernt. Nachts, als alle schliefen, verließ ich heimlich das Haus und stahl mich zu ihrem Grab. Ich dachte, die Toten würden nachts aus den Gräbern steigen. Doch ich wartete vergeblich.

Also legte ich mich ins Bett, schloss die Augen und versuchte, wenigstens von ihr zu träumen. Auch das missglückte mir.

Stille regierte das Haus. Selbst am Abend, wenn alle daheim waren, hörte man nicht einmal das Klappern eines Tellers. Mein Vater war wie betäubt und versuchte nur, einigermaßen über die Runden zu kommen. Meine Brüder gingen wieder in die Schule, aber ich war wie gelähmt. Wochen-, monatelang ging ich nicht zum Unterricht. Sobald ich meine Schuluniform anzog, musste ich sofort an Gisèle denken. Früher machten wir uns gemeinsam für die Schule fertig, Gisèle nahm meinen Schulranzen, dann brachen wir auf. Jetzt war sie nicht mehr da und jedes Mal, wenn ich aufbrechen wollte, brach ich in Tränen aus, setzte mich auf mein Bett, zog meine Uniform wieder aus und verbrachte den Tag weinend.

Oft war ich völlig geistesabwesend: Ich wollte in mein Zimmer gehen und fand mich plötzlich in der Küche wieder. Oder ich ging auf dem Weg nach Hause an unserer Eingangstüre vorbei. Am schlimmsten waren diese Ausfälle nach Besuchen im Krankenhaus. Meine Mutter hatte jede Freude am Leben verloren, sie reagierte auf nichts mehr. Abends fing ich oft an zu schreien. »Warum Charles und Gisèle?«, »Sie waren doch noch so jung!«, »Warum trifft es immer nur meine Geschwister?«

Und langsam kroch die Angst in mir hoch: Würde auch ich bald sterben, einfach so, schlagartig? Erst war Charles an der Reihe, dann Gisèle, jetzt ich.

Ich bildete mir ein, dass die anderen Frauen meines Vaters sich an meiner Mutter rächen wollten. Sie waren eifersüchtig, fanden, dass mein Vater seine Erstfrau bevorzuge. Und wirklich stand meine Mutter als Einzige in den offiziellen Unterlagen; sie würde einmal alles erben. Vielleicht bedienten sich meine Stiefmütter ja der schwarzen Magie? Andererseits glaubte ich nicht an Hexerei, nur an Gott. Ich wusste nicht mehr, was ich denken sollte. Und ich fürchtete um mein Leben. Vielleicht konnte ich mich ja retten, indem ich dieses Haus so schnell wie möglich verließ.

Ich musste die Brücken hinter mir abbrechen. Also beschloss ich, mein Elternhaus zu verlassen und zu den Nonnen zu gehen. Vater widersetzte sich zwar meinem Plan, doch ich wollte um jeden Preis von zu Hause fort. Ich wollte nur noch so weit wie möglich von meiner Familie fliehen, aus diesem verfluchten Haus fliehen. Ich besuchte Mama nicht mehr am Krankenbett, weigerte mich, mit meinem Vater zu sprechen, wollte überhaupt niemanden mehr sehen. Charles und Gisèle – die ich am meisten geliebt hatte, waren tot. Wenn ich mich jetzt von den Menschen löste, die ich am meisten liebte, würden sie hoffentlich aufhören, alle wegzusterben. Ich war zwischen Angst- und Schuldgefühlen hin- und hergerissen, fürchtete um mein eigenes Leben und fühlte mich gleichzeitig schuldig am Tod meiner Geschwister.

Im Kloster beruhigten sich meine Gedanken allmählich, mein Verstand nahm die Arbeit wieder auf. Ich sagte mir, dass ich an den Todesfällen keine Schuld trüge, auch nicht an dem von Gisèle. Stattdessen gab ich Vater die Schuld: Wenn er sich mit einer Frau zufrieden gegeben hätte, dann wären uns diese Dramen vielleicht erspart geblieben.

Nach einem Monat kehrte ich nach Hause zurück. Mutter war gerade aus dem Krankenhaus entlassen worden und ich wollte sehen, wie es ihr ging. Ihr Verhältnis zu Vater hatte sich deutlich verschlechtert, sie ertrug die ständigen Streitereien und Eifersüchteleien mit den Nebenfrauen nicht mehr. Sie sagte meinem Vater, dass sie nichts mehr von ihm erwarte und plane, ihn und das Haus zu verlassen, in dem der böse Blick ihre Kinder umbringe. Sie fühlte sich zu schwach, um ihre Arbeit wieder aufzunehmen, also verließ sie Lomé und kehrte in ihren Geburtsort auf dem Land zurück.

Manchmal nahm ich einen Überlandbus und besuchte sie. Es ging ihr sehr schlecht, aber ich merkte, wie sie sich zusammenriss, wenn ich da war. Sie sagte: »Ich weiß, dass ihr Jüngsten, Doumégnon und du, mich braucht. Doch ihr müsst euer Leben weiterleben. Dein Vater trägt an dem Unglück keine Schuld. Nein, alles geschieht nach dem Willen Gottes.«

Ich protestierte. »Gott will doch sicher nicht, dass wir auf Erden nur leiden. Warum sollte er uns diejenigen entreißen, die wir lieben?«

Kurz nach dem Auszug meiner Mutter besuchte uns Yvonne in Lomé. Obwohl auch sie eine Geliebte meines Vaters war, mochte ich sie recht gern. Das lag daran, dass sie eine Tochter in meinem Alter hatte.

Yvonne hatte uns schon mehrere Male zu sich eingeladen, doch bisher hatte niemand gewagt, die Einladung anzunehmen. Also schneite sie eines Tages bei uns herein und brachte eine vollständige Mahlzeit mit, sogar die Getränke. Sie versammelte alle Kinder im Wohnzimmer und legte Musik auf. »Wenn ein Familienmitglied stirbt, bleibt immer noch der Rest der Familie. Doch in diesem Haus möchte man meinen, alle seien gestorben.«

Ich näherte mich dem Fenster und lauerte darauf, dass mein Vater auftauchte. Es musste jeden Moment so weit sein. Wie würde er reagieren? Ich hörte sein Auto näher kommen, das Garagentor öffnete sich mit einem Mordsradau, eine Tür wurde zugeschlagen. Als ich seine Schritte auf der Treppe hörte, versteckte ich mich schnell. Er nahm vier Stufen auf einmal und stürmte ins Wohnzimmer. »Was soll dieser Lärm?«

Keine Antwort. Mit großen Schritten durchquerte er den Raum, packte den Kassettenrekorder und warf ihn zum Fenster hinaus. Unten zersprang er in tausend Stücke. Wutentbrannt warf Vater alles hinterher, was er in die Finger bekam: Platten, Stühle, Teller. Nie habe ich ihn so zornig erlebt. Aber gegen uns erhob er nie die Hand – er wusste, wozu er fähig war, wenn er sich vom Zorn hinreißen ließ. Als der letzte Stuhl über Bord gegangen war, zog Vater sich in sein Zimmer zurück und schloss sich ein, wie er das nach Wutanfällen meistens tat.

Langsam krochen wir aus unseren Mauselöchern und sammelten die am Boden verstreuten Gegenstände auf.

»Du hast ganz Recht, Yvonne«, sagte mein Bruder Prince. »Man könnte wirklich meinen, dass hier alle gestorben sind.«

Dann holte er einen Radioapparat aus seinem Zimmer und drehte die Musik voll auf. Mein Vater tauchte nicht wieder auf. Wir blieben im Wohnzimmer, versuchten, uns einigermaßen zu amüsieren, wagten aber nicht zu tanzen. Ich hätte sowieso keine Lust dazu gehabt. Ich hatte auf gar nichts mehr Lust. Zwar war mir klar, dass ich weiterleben müsse, aber das war leichter gesagt als getan. Wenigstens aßen wir anschließend alle gemeinsam zu Abend, zum ersten Mal seit langer Zeit. Später verließ Vater sein Zimmer.

Während all der Katastrophen, die über uns hereingebrochen waren, hatte er keine Träne vergossen. Aber jetzt brach er urplötzlich schluchzend zusammen, vor uns allen. Er weinte wie ein Schlosshund – er, der immer so stark und unerschütterlich gewirkt hatte, schien plötzlich so verletzlich. So hatte ich ihn noch nie erlebt; zum ersten Mal zeigte er uns, dass er ein Herz hatte wie alle anderen.

Er weinte den ganzen Abend lang.

Am nächsten Morgen floss er vor Gesprächigkeit fast über, er quasselte ohne Pause. Später nahm er uns in das Gebäude mit, in dem er arbeitete, zeigte uns sein Büro, erklärte, wie man Leute befragte und Berichte schrieb. Einige Polizisten begleiteten uns und zeigten uns das ganze Gebäude. Ich war schon zwei oder drei Mal zuvor dort gewesen, aber nie mit einer so gründlichen Führung. Ohne Unterlass machte Vater seine kleinen Scherze, um sein Publikum zu unterhalten.

Als wir wieder daheim ankamen, schlug Vater urplötzlich vor: »Kinder, legt Musik auf! Lasst uns bis zum Morgengrauen tanzen! Morgen mach ich blau, die können mich alle mal!« Verblüfft starrten wir uns an. Papa spielte sonst nie den Spaßvogel, seine Fröhlichkeit wirkte irgendwie aufgesetzt.

»Wir können gar nicht tanzen, du hast alles kaputtgemacht«, wandte mein Bruder ein.

»Entschuldigung«, sagte mein Vater. »Ich weiß, dass ich

33

mich lächerlich mache, wenn ich die Nerven verliere. Morgen kaufe ich einen neuen Kassettenrekorder.«

Und wirklich legten wir am folgenden Abend Musik auf, genossen ein Festmahl, das wir zuvor gekocht hatten, und sahen uns auf Video einen Film mit Louis de Funès an. Der war zwar saudumm, aber wir alle lachten Tränen über diesen Klamauk.

Einige Tage später schaute Yvonne wieder bei uns vorbei und lud uns zum Essen ein.

»Meine Schwester Simone ist gerade aus Frankreich zu Besuch. Sie ist sehr nett, ihr werdet schon sehen. Ich habe mit ihr über eure Familie gesprochen, sie weiß, was passiert ist.« Dann wandte sie sich an meinen Vater: »Bei der Gelegenheit könntest du sie endlich kennen lernen.« Denn obwohl er Simone schon mehrere Male bei der Erledigung von Zollformalitäten geholfen hatte, war er ihr noch nie begegnet.

Wir nahmen die Einladung an, verbrachten einen netten Abend bei Yvonne und trafen Simone, eine schöne, große Frau, die nach französischer Art gekleidet war. Sie hatte eine kleine Handtasche und trug ein himmelblaues Kostüm, in dem sie aussah wie eine Präsidentin. Ihr geflochtenes Haar sah höchst elegant aus, ihre Lippen leuchteten rot. Alles an ihr verriet die Pariser Geschäftsfrau. Breit lächelnd erkundigte sie sich bei allen Kindern nach dem jeweiligen Vornamen. Sie selbst hatte nur eine Tochter von sechs oder sieben Jahren. Ich bemühte mich, mit ihrer Tochter Maoli zu plaudern, konnte ihr aber kaum ein Wort entlocken. Wenn ich zum Beispiel fragte: »Was spielst du in Frankreich?«, erhielt ich die knappe Antwort: »Ich sehe fern. Wir kriegen vierundzwanzig Kanäle.«

Am folgenden Samstag erwiderte Vater die Einladung. Die ganze Familie kochte gemeinsam zu Abend, ich empfing die Gäste an der Tür, einer meiner Brüder servierte die Drinks, ein anderer kümmerte sich um die Musik. Später führten wir ein Spektakel aus afrikanischen Liedern und Tänzen auf; die Buben trugen Westen aus Stroh und Hüte mit Federn drauf, die Mädchen bunte Schurze und verschiedenartigsten Schmuck, den unsere Großmütter gefertigt hatten. Wir hatten uns mit Kronkorken geschmückt, die wir in einen speziellen Schlamm getaucht und an Arme und Beine geklebt hatten. Dann führten wir ein Theaterstück auf, das wir noch mit Gisèle geprobt, aber seit ihrem Tod nicht mehr gespielt hatten. Ich gab die Tochter eines kaltherzigen Königs, der mir verbot, den Palast zu verlassen. Er kettete mich sogar an, doch eines Tages kam ein strahlender Prinz und rettete mich. Den kaltherzigen König sah ich nie wieder.

In der folgenden Woche sah Yvonne bei uns vorbei und erzählte, dass Simone von uns ganz hingerissen sei. Sie würde gern eines der Mädchen mit nach Frankreich nehmen, sich um sie kümmern wie um ein eigenes Kind. Sie würde sogar eine Ausbildung finanzieren, im Gegenzug müsse die Betreffende nur ein bisschen im Haushalt mithelfen. Mit diesem Angebot wolle Simone sich für die Hilfe bedanken, die sie von meinem Vater erhalten hatte.

Vater dachte ein paar Tage über den Vorschlag nach. »Einverstanden! Estelle darf gehen, wenn sie will«, verkündete er dann.

Estelle, eine meiner älteren Halbschwestern, freute sich wie verrückt darauf, nach Frankreich zu gehen.

Am nächsten Morgen nahm ich den Überlandbus und besuchte Mutter in ihrem Dorf. Ich erzählte ihr von Lomé und von Simone. »Schon wieder eine Geliebte deines Vaters ...«, murmelte Mama.

»Ich weiß nicht«, sagte ich. Dann berichtete ich von

Simones Vorschlag und Papas Entscheidung, Estelle zu schicken. Mama enthielt sich jeden Kommentars.

Ich blieb eine Woche bei ihr, zum ersten Mal seit langer Zeit fühlten wir uns in der Gesellschaft des anderen richtig wohl. Gemeinsam gingen wir am Flussufer spazieren. Hierher hatte mich Mama schon mitgenommen, als ich noch ganz klein war. Wir setzten uns an die Böschung, an eine Stelle, wo das Wasser von einem Teppich aus kleinen weißen Blüten bedeckt ist. Mutter war traurig. Nach einer Weile seufzte sie: »Erinnerst du dich noch daran, wie wir das letzte Mal hier waren? Ihr wart zu dritt: Charles, Gisèle und du. Dein Bruder ist ins Wasser gesprungen und ihr habt es ihm sofort nachgemacht. Ihr seid durch das Wasser gewatet und habt dabei die Blüten zur Seite geschoben. Hinter euch hatten sich drei frei geräumte Kanäle gebildet: Der breiteste stammte von deinem Bruder, der mittlere von Gisèle, der schmale von dir. Stolz verkündete Charles, dass er der König sei und Gisèle die Königin. Und du hast geweint, weil du nichts warst. Erinnerst du dich noch?«

An diesem Nachmittag lachten und weinten wir gemeinsam, ich schmiegte mich an meine Mutter.

»Ich setze mich jeden Nachmittag hierher und denke daran zurück, wie ihr euch damals amüsiert habt. Ihr wart so voller Leben. Und heute bist nur du von euch dreien übrig.« Lange saßen wir schweigend da; der Blütenteppich hatte sich über den Spielen meiner Kindheit wieder geschlossen.

Als ich später nach Lomé zurückkehrte, berichtete Sylvia mir, dass Simone Estelle nicht mit nach Paris nehmen wolle. Ohne lange nachzudenken, sagte ich: »Soll sie halt mich mitnehmen!«

»Vater lässt dich niemals fort. Und Mama auch nicht«, wandte sie ein.

»Aber wenn ich Lust dazu habe?«

Eine Woche später besuchte uns Yvonne und nahm mich zur Seite. »Würdest du gerne weggehen?«

»Nach Frankreich? Na klar! Mit Afrika verbinde ich nichts als schlechte Erinnerungen.«

Daraufhin suchte Yvonne meinen Vater in seinem Arbeitszimmer auf. Ich wartete draußen im Hof, unter dem Mangobaum. Es war immer mein Lieblingsort gewesen. Ich liebe Mangos und bin früher oft auf den Baum geklettert, um die Früchte zu pflücken. Doch dann hatte mich Vater ermahnt zu warten, bis die Mangos reif genug sind, um von allein herunterzufallen. Seitdem verbrachte ich jedes Jahr zur entsprechenden Zeit viele Stunden im Hof und wartete, dass die Früchte vom Baum fielen.

Yvonne und mein Vater kamen gemeinsam aus dem Arbeitszimmer.

»Simone sagt, dass sie nur dich mitnehmen will, keine andere.«

»Ich würde sehr gerne gehen. Bitte, Papa!«

Doch mein Vater zögerte. Er hatte zwar eine ganze Schar von Kindern, aber noch nie hatte eines das Haus verlassen. »Zuerst muss deine Mutter noch zustimmen«, beschloss er.

Also fuhr ich am nächsten Morgen zu ihr. »Mama, Mama, ich fahre nach Frankreich!«

»Machst du Witze? Du bist noch viel zu jung dafür, gerade einmal vierzehn! Außerdem hast du nichts gelernt.«

»Wenn ich es dir doch sage! Simone will nur mich!«

»Soll ich das wirklich glauben? Mir gefällt die Idee ganz und gar nicht.«

Mutter grübelte eine Zeit lang. »Unmöglich. Ich habe gerade erst deine Schwester verloren, ich will nicht, dass du jetzt auch noch verschwindest.«

»Charles und Gisèle sind tot und ich spüre, dass ich als

Nächste an der Reihe bin. Wenn ich in Afrika bleibe und sterbe, dann ist das deine Schuld.«

»Sei still! Sag doch so etwas nicht!«, rief meine Mutter entsetzt. Dann gab sie nach: »Gut, wenn du unbedingt willst, dann geh. Ich halte dich nicht auf. Wenn ich das täte, würde ich dich für immer verlieren. So bleibt mir wenigstens die Hoffnung, dich irgendwann wiederzusehen.«

Damit war die Diskussion fürs Erste beendet. Doch während der ganzen Woche, die ich bei Mutter verbrachte, fragte sie mich jeden Abend, wenn wir Seite an Seite in den Betten lagen: »Henriette, willst du wirklich fort?«

»Ja.«

Wenige Tage später fuhr Simone nach Frankreich zurück, versprach aber, mir bald ein Flugticket zu schicken. Ich wartete voller Ungeduld. Wochen vergingen, Monate. Schließlich kam mein fünfzehnter Geburtstag und ich hatte noch immer keine Post von Simone bekommen. Allmählich glaubte ich nicht mehr daran.

Eines Tages besuchte ich Tante Bénédicte, die ihre Jugend in Frankreich verbracht hatte. »Du willst also zu dieser Simone gehen? Weißt du, ich habe da von einem Mädchen gehört, Phoebé, die einige Jahre in Paris für sie gearbeitet hat. Phoebé ist mit leeren Händen heimgekehrt, Simone hat nichts für sie getan und ihr am Ende sogar unterstellt, sie sei eine Diebin. Ich kann dir nur raten, nicht dorthin zu gehen. In Frankreich geschehen so viele üble Dinge ... Du bist noch zu jung dafür.«

Aber ich hörte diese Warnung nur mit einem Ohr. Frankreich stellte sich mir als das Paradies dar, voller netter Menschen wie Simone. Falls es diese Phoebé wirklich gab, hatte sie sich vielleicht schlecht benommen. Immerhin zweifelte ich so stark, dass ich meinen Vater um Rat fragte.

Der riet mir, mich nicht um dieses Gerede zu kümmern, das wahrscheinlich weiblicher Eifersüchtelei entsprungen sei. »Du kannst immer auf mich zählen! Wenn es dir dort nicht gefällt, rufst du mich einfach an, dann hole ich dich zurück.«

Völlig überraschend erhielten wir Mitte Dezember dann einen Brief von Simone, in dem es hieß: »Ich verbringe Weihnachten in Togo und nehme Henriette nach Neujahr mit nach Frankreich.«

Obwohl ich diese Nachricht herbeigesehnt hatte, wurde ich jetzt plötzlich nervös. Je näher die Feiertage rückten, desto weniger konnte ich essen und schlafen. Nur schlecht konnte ich mich an den Gedanken gewöhnen, meine Mutter und meine Familie zu verlassen. Oft schreckte ich mitten in der Nacht aus dem Schlaf und zählte die verbleibenden Tage an den Fingern ab.

Am Weihnachtstag kam Simone in Lomé an. Sie rief bei uns an; als ich ihren Namen hörte, schlug mein Herz wie wild. Simone bat mich, am folgenden Tag bei ihrer Mutter vorbeizusehen.

Simone war noch genauso schön wie das letzte Mal, doch diesmal trug sie afrikanische Kleidung, einen *boubou*. Ihre Tochter Maoli hatte sie in Paris bei Jo gelassen, Simones französischem Ehemann.

»Haben Sie wirklich nur eine Tochter? Die Glückliche! Wir sind daheim so viele ...«

»Während ich in der Arbeit bin, wirst du viel Zeit mit Maoli verbringen. Du bringst sie zur Schule, holst sie am Abend ab, kümmerst dich um sie, wie du dich um deine Geschwister gekümmert hast. Im Gegenzug schicke ich dich auf die Schule.«

»Was machen Sie eigentlich beruflich?«, fragte ich.

»Ich betreibe gemeinsam mit Jo ein Modegeschäft mit

Prêt-à-porter-Kleidung. Der Laden liegt in der Rue du Faubourg-Saint-Martin, unser Wohnblock heißt Porte Dorée.«

Porte Dorée – goldenes Tor – allein dieser Name brachte mich ins Träumen. Schon das Haus von Simones Mutter stand voller schöner Möbel. Wie musste dann erst der Palast aussehen, den Simone in Paris sicherlich bewohnte?

Lange unterhielten wir uns in Simones Zimmer. In ihrem Koffer hatte sie eine ganze Ladung von Geschenken mitgebracht und überreichte mir ein wunderschönes blaues Kleid aus Paris. Es lag zusammengefaltet in einer Plastikhülle; vorsichtig legte ich es auf die Seite.

»Zieh dieses Kleid an, bevor du in Frankreich ankommst, sonst frierst du dort. In Paris hängt jetzt überall Weihnachtsschmuck, das wird dir gefallen. Und dann erst der Eiffelturm, die Champs-Elysées, Notre-Dame und die Métro. Weißt du, wie man Paris nennt? Die Stadt der Lichter. Dort ist alles schön, anders als in Afrika. Zum Beispiel gibt es dort keinen Staub. Das gefällt dir bestimmt. Aber für alle Fälle habe ich dir ein Rückflugticket gekauft, du kannst also nach Hause fahren, wenn du Paris satt hast. Dann hole ich einfach eine deiner Schwestern.«

In jener Nacht schlief ich im Haus von Simones Mutter und verbrachte den ganzen nächsten Tag dort. Beim Abschied steckte Simone mir zweitausend Francs CFA zu, etwa sechs DM. Stolz zeigte ich daheim meinem Vater das Geld. »Schau mal! Sie hat mir zweitausend Francs gegeben!«

Am folgenden Tag ging ich wieder zu ihr. Sie lud mich in ein sehr schickes Lokal ein, das *Le Togo*. Dort aßen wir französische Gerichte. »Schmeckt es dir?«, fragte Simone. »Wenn du erst einmal in Frankreich bist, kannst du ständig so etwas essen.« Später brachte sie mich nach Hause und schenkte mir weitere zweitausend Francs. Viertausend

Francs in zwei Tagen! An jenem Abend führte ich meine Geschwister mit dem Geld zum Tanzen aus. Es wurde sehr spät.

Nach Neujahr fuhr Simone für zwei Wochen auf Geschäftsreise an die Elfenbeinküste, am 25. Januar würden wir nach Frankreich aufbrechen. Vorher musste ich mich nur noch impfen lassen und den Koffer packen.

Der Gedanke, meine Mutter zu verlassen, erregte und beunruhigte mich. Sie kam am Tag vor meiner Abreise nach Lomé, um mich zu verabschieden, brachte aber kein Lächeln zustande. Das schmerzte mich.

An jenem Abend versammelten wir uns alle in meinem Zimmer. Mama hatte ihre Strohmatte am Boden ausgerollt, wir schliefen nebeneinander darauf, während mein Bruder Doumégnon mein Bett belegte. Auch Stéphane, der Nachbarssohn, den ich sehr gerne mochte, schlief in jener Nacht bei uns, in einem weiteren Bett. Die anderen Familienmitglieder lagerten auf einer riesigen Matte, die am Boden lag, insgesamt waren wir zu zehnt. Wir redeten beinahe die ganze Nacht. »Mann, hast du ein Glück!«, hörte man dann, oder: »Ich an deiner Stelle könnte mich nicht von meiner Familie trennen.« Mein kleiner Bruder bat mich, ihm Käse zu schicken, einen Riesenberg Käse. Wir unterhielten uns darüber, was ich machen würde, welche Kleidung ich tragen würde, wie mein neues Leben aussehen würde. Allmählich erstarb das Gespräch.

Mitten in der Nacht wachte ich auf.

»Mama, ich habe Angst!«

»Nicht doch, Henriette! Du warst immer so stark. Vergiss das nie! Ich mache mir um dich keine Sorgen, ich bin nur traurig, dass du weggehst. Ich werde dich immer beschützen, auch wenn du weit entfernt lebst. Und jetzt schlaf!«

Um fünf Uhr früh wachte ich endgültig auf, schlich mich aus dem Zimmer und machte einen Rundgang durch den verwaisten Hof. Hinter dem Haus blieb ich eine ganze Weile am Schafgehege stehen und sah den herumspringenden Lämmern zu. Sie würden mir fehlen.

Dann setzte ich mich unter den Mangobaum, den ich so liebte. Ich sah hinauf; keine einzige Frucht hing mehr an den Ästen. Meine Katze schlich heran, diejenige, die Charles mir vor seiner Fahrt ins Krankenhaus anvertraut hatte. Ich beschloss, sie nicht zu verschenken, schließlich plante ich nicht, für immer wegzugehen. Lange lag sie auf meinen Knien und ließ sich streicheln.

Gegen acht Uhr belebte sich das Haus allmählich, ich ging hinein, um meinen Koffer fertig zu packen. Als ich den Deckel geschlossen hatte, trat Mama zu mir und schenkte mir ein Goldkettchen, wie ich es mir zu meiner Taufe gewünscht hatte. Freudestrahlend fiel ich ihr um den Hals.

»Vorsicht!«, rief Mama. »Du bist kein kleines Mädchen mehr, du brichst mir noch das Rückgrat.« Dann ging ich, mich von Papa zu verabschieden. Seit zwei Tagen lag er mit einer starken Grippe im Bett – zumindest schützte er das vor. Ich hatte ihn eher im Verdacht, dass er eine Abschiedsszene am Flughafen vermeiden wollte. »Setz dich zu mir ans Bett«, sagte er. »Vielleicht sehen wir uns heute zum letzten Mal. Ich glaube, ich werde bald sterben.«

Ich lachte. »Weißt du was? Wenn ich zurückkomme, dann wirst du in einem Lehnstuhl sitzen, mit einem Krückstock in Reichweite.«

»Blödsinn«, murmelte er und schloss mich fest in die Arme. »Vergiss nie, dass du immer auf mich zählen kannst. Solange ich lebe, bin ich für dich da. So, und jetzt geh! Mach die Tür hinter dir zu!«

Das tat ich. Damals schien es mir nur eine normale

Zimmertür, doch in Wirklichkeit schloss sich ein riesiges Tor hinter mir, für immer.

Wir fuhren alle gemeinsam zum Flughafen – außer meinem Vater natürlich. Dort traf ich Simone. Vor Aufregung war mir ganz schlecht. Nach zahllosen Umarmungen lösten wir uns von den anderen und gingen einen langen Korridor entlang. Ständig schlug mir der Koffer gegen die Beine, weil ich bei ungefähr jedem zweiten Schritt versuchte, mich nach meiner Mutter, meinen Brüdern und Schwestern umzudrehen, die, eng aneinander geschmiegt und die Hand zum Gruß erhoben, hinter uns zurückblieben. Jedes Mal, wenn ich mich umsah, war dieses Bild weiter von mir entfernt, bis es vor meinen tränennassen Augen vollständig verschwamm.

Paris mit gesenktem Kopf

Im Flughafen holten wir unser Gepäck vom Förderband, dann zeigte Simone dem Zollbeamten unsere Pässe. Kaum waren wir durch die Schiebetüren gegangen, überfiel mich die Kälte. Ich trug nur mein Kleid und fror schon nach wenigen Sekunden wie ein Schneider. Simones Ehemann erwartete uns mit dem Auto auf dem Parkplatz, Simone stellte mich ihm als ihre »Nichte« vor. Er sah, dass ich vor Kälte zitterte, und legte mir freundlich einen großen Mantel um die Schultern. Trotzdem wurde mir nicht warm. Wir luden die Koffer ins Auto, ich setzte mich auf den Rücksitz, dann ging es los.

Es war fünf Uhr morgens, der Himmel war noch schwarz, doch die Laternen am Straßenrand badeten uns in orangefarbenes Licht. Auch als wir an der Porte Dorée ankamen, war es noch Nacht.

Die Porte Dorée war ein graues, vierstöckiges Gebäude. Wir fuhren bis zu Simones Apartment hoch, in die dritte Etage. Maoli war zwar schon auf, begrüßte mich aber nicht. Dafür trat ein anderes Mädchen auf den Treppenabsatz und half mir dabei, die Koffer hineinzubringen. Das Mädchen schien ein wenig älter als ich und war sehr schmächtig. Sie grüßte kaum hörbar und mit gesenktem Blick. Die Stille des Morgens dämpfte all unsere Handlungen und Gedanken. Ich machte mich in dem schmalen und niedrigen Gang so klein wie möglich, um niemandem im Weg zu stehen.

»Wir stellen das Gepäck im Wohnzimmer ab, dann schlafen wir alle noch ein bisschen«, beschloss Simone. »Henriette, du schläfst dort, in Maolis Zimmer!«

Als ich es betrat, traf mich schier der Schlag: Das Zimmer maß drei mal drei Meter und hatte nur ein einziges kleines Fenster. Was für ein Kontrast zu unserem riesigen, hellen Haus in Lomé! An einer Wand stand ein langer Rollkasten, der mit Kleidungsstücken beladen war und etwa die Hälfte des Raums einnahm. Rechts von der Türe brummte eine große Gefriertruhe. In einer Ecke fand sich gerade noch Platz für Maolis Bett, dennoch schien mir das Ganze eher eine Abstellkammer als ein Zimmer zu sein.

Verblüfft stand ich da, während Maoli rasch ins Bett schlüpfte; das andere Mädchen breitete eine Decke auf dem Boden aus und legte sich darauf. »Was? Du schläfst hier?«, fragte ich erstaunt. Das Mädchen schwieg. Ich drehte um; ich hatte immer noch nicht begriffen. Im Flur stieß ich auf Simone, die gerade aus dem Badezimmer kam.

»Was gibt's denn noch?«

»Ich habe meinen Schlafplatz nicht gefunden.«

»Dort, im Zimmer!«

»Aber das ist doch voll!«

»Voll? Jetzt hör mal gut zu: Wir sind hier nicht in Afrika. Wohnraum ist hier sehr teuer. Und jetzt geh ins Bett!«

Wie versteinert blieb ich im Gang stehen. »Na los, mach schon!«

»Aber dort passe ich doch nicht mehr hinein!«

Daraufhin zog sie mich in das Zimmer, gab mir eine Decke und befahl: »Leg dich einfach hin wie Stéphanie!«

»Was, auf den Boden?«

»Ja. Nur für den Anfang.«

Also legte ich mich hinter Stéphanie auf den Boden. Mein Kopf lag unterhalb des Fensters, ihrer lag an der Tür, unsere Füße berührten sich beinahe. Bald fing ich an, vor Kälte zu schlottern. Ich verließ das Zimmer – und traf wieder auf Simone. »Was gibt es denn jetzt schon wieder?«, fragte sie zornig.

»Ich friere. Ich brauche einen Pullover.« Ich holte alle drei Pullover aus meinem Koffer und zog sie an, zitterte aber immer noch. Dann zog ich die Decke über den Kopf, um nicht mehr an den Ohren zu frieren. Vergeblich! Ich konnte mich zusammenrollen oder hin- und herwenden, wie ich wollte: Ich konnte nicht einschlafen. Schließlich wandte ich mich an das Mädchen, das neben mir am Boden lag. »Wie schaffst du es nur, hier einzuschlafen?«

Keine Antwort. Also wälzte ich mich weiter von einer Seite auf die andere und führte Selbstgespräche, als ob ich noch daheim wäre und meine Schwestern im gleichen Zimmer lägen.

Endlich übermannte mich die Müdigkeit. Als ich wieder aufwachte, war das Zimmer leer. Ich stand auf und ging in die Küche. Dort stieß ich auf das Mädchen. Es stand am Ausguss.

»Hallo, du heißt Stéphanie, oder?«

»Ja.«

Neugierig stellte ich ihr einige Fragen, aber es gelang mir nicht, ihr Antworten zu entlocken. Genauso gut hätte ich mich mit der Wand unterhalten können. Ich fragte mich, ob sie geistig behindert war oder ob die Menschen in Paris sich alle so benahmen. Der einseitigen Unterhaltung überdrüssig, ging ich ins Wohnzimmer, das deutlich kleiner war als unseres in Lomé. Maoli lag zusammengerollt in einer Ecke der Couch und sah sich Zeichentrickfilme im

Fernsehen an. Simone war noch nicht aufgestanden. Auf dem Kaminsims sah ich ein Foto, ein Bild von Simones Mutter. In einer Ecke standen ein Bücherregal und ein Barhocker.

Verstohlen musterte mich die Kleine. Ob sie sich noch an mich erinnerte? Immerhin war seit unserer Begegnung in Lomé über ein Jahr vergangen.

Ich blickte aus dem Fenster hinaus auf Frankreich. Es erschien mir völlig anders als in meinen Träumen; ich hatte mir ein Land voller Bäume und Farben vorgestellt, sah aber nur eine graue Straße, den gleichen Asphalt und den gleichen Zement wie in Lomé. Die Gitterstäbe vor den Fenstern irritierten mich, ich kam mir vor wie in einem Gefängnis oder einem Krankenhaus, nicht wie in einem Wohnhaus.

Ich war verwirrt. War ich wirklich in Frankreich angekommen oder träumte ich das alles nur?

Simone erwachte und rief mich in ihr Zimmer, wo ich sie auf dem Bett sitzend fand. Erstaunt stellte ich fest, dass das Ehepaar in getrennten Betten schlief. Jo lag noch unter seiner Daunendecke, das Gesicht zur Wand, nur sein Scheitel war zu sehen.

»Du kannst deine Sachen in den Wandschrank in Maolis Zimmer räumen«, teilte sie mir knapp mit. Wie geheißen packte ich meinen Koffer aus. Danach duschte ich mich, während Stéphanie die Kleine in die Schule brachte. In Afrika frühstücken wir immer gemeinsam im großen Wohnzimmer. Wer als Erstes aufsteht, deckt den Tisch, die anderen räumen später ab. Also öffnete ich die Küchenschränke und den Kühlschrank, holte Tassen, Teller, Butter, Brot und Marmelade und brachte alles ins Wohnzimmer. Dann wartete ich auf die anderen, denn bei uns isst man niemals allein.

Stéphanie kam zurück und ging in die Küche. Ich folgte ihr. »Kommst du zum Essen?«, fragte ich.

Keine Antwort. Also kehrte ich ins Wohnzimmer zurück und wartete. Als Simone endlich aus ihrem Zimmer kam, sagte sie: »Jetzt kannst du frühstücken.«

»Ich habe den Tisch schon gedeckt, es ist alles vorbereitet.«

»Nein, nein. Stéphanie und du, ihr frühstückt in der Küche. Aber ich will euch nicht reden hören.«

Wie ein folgsames Kind nahm ich daraufhin die Butter und das Brot und schlich in die Küche.

»Stéphanie, kannst du mir zeigen, wo die Sachen für den Tee sind?«

Keine Antwort. Also ging ich und fragte Simone. Sie kam in die Küche und öffnete einen Küchenschrank auf der rechten Seite.

»Hier stehen eure Teller. Was im anderen Schrank steht, rührst du nicht an. Verstanden?« Damit rauschte sie hinaus. Ich nahm eine Schale heraus und setzte Wasser auf.

»Stéphanie, hast du schon gefrühstückt?«

Keine Antwort.

»Hast du Hunger?«

Stille. Ich trank meinen Tee und ging wieder zu Simone hinüber. »Gut«, sagte sie, »als Erstes putzt du das Bad, räumst das Wohnzimmer auf und machst mein Bett. Danach habe ich etwas anderes für dich.« Brav reinigte ich Bad und Wohnzimmer. Als ich Simones Bett machte, schlief Jo immer noch seelenruhig.

»Prima, jetzt zieh dich an, wir gehen einkaufen.«

Draußen herrschte eine schreckliche Kälte. Ich dachte schon, ich sei krank, weil sich vor meinem Mund weißer Rauch bildete, wenn ich ausatmete. Aber alle anderen dampften auch. Obwohl ich Mütze, Schal und Handschuhe angezogen hatte, biss die Kälte mir schmerzhaft in Ohren und Finger. Wir kauften Obst und Gemüse ein und betraten dann eine Metzgerei. Überwältigt bestaunte ich die lange Kette von Hühnern, die gerupft und ausgenommen an Haken hingen. In Togo kauft man die Tiere meistens lebendig und schlachtet sie zu Hause selbst. Als wir zurückkamen, stand Jo unter der Dusche, Stéphanie werkelte in der Küche. Ich packte die Einkäufe aus, setzte mich dann hin und nahm mir eine Orange aus dem Obstkorb, wie ich es daheim auch getan hätte.

Da hörte ich ein leises Murmeln, kaum hörbar. »Du darfst keine essen!« Stéphanie hatte geredet! Das waren die ersten Worte, die ich aus ihrem Mund vernommen hatte. Überrascht legte ich die Frucht zurück. Alles hier kam mir merkwürdig vor. Simone kam ins Zimmer.

»Kann ich mir eine Orange nehmen?«

»Nein«, erwiderte sie. »Rühr das Obst nicht an!«

Jo kam aus dem Badezimmer.

»Guten Morgen, Monsieur.«

»Na, wie geht's, Henriette?«

Jo war etwa vierzig und nicht besonders groß. Seine Schultern hingen herab, sein Gesicht war weich, seine Stimme dünn.

»Wir fahren jetzt gemeinsam zum Laden, da siehst du dann, wie alles läuft, wohin man die Sachen aufräumt und so weiter.« Mit dem Auto fuhren wir in die Faubourg-Saint-Martin. Jo zeigte mir den Saint-Denis-Bogen. »Schau mal, der wurde vor über dreihundert Jahren gebaut, zu Ehren des Königs Ludwig XIV. Sagt dir der Name etwas?«

In der Rue Saint-Denis fielen mir seltsam gekleidete Frauen auf: Trotz der Kälte trugen sie so kurze Röcke, dass man sogar ihre Schlüpfer sehen konnte. Ich schämte mich für sie, vor allem, weil viele von ihnen Afrikanerinnen waren. Naiv fragte ich: »Warum sind sie so angezogen?«

»Sie arbeiten.«

»Wie? Was arbeiten sie denn?«

»Du weißt schon, sie werben Kundschaft.«

»Ach so, es sind Nutten!«

Natürlich gibt es auch bei uns Prostituierte, aber sie benehmen sich etwas zurückhaltender, sie zeigen ihre Ware nicht auf dem Bürgersteig her wie Fischhändler. Im Laden lernte ich Jos Mutter kennen, eine sehr freundliche Frau. Sie zeigte mir, was ich zu tun haben würde, wo ich abstauben und wie ich Kleidungsstücke aufräumen müsste, welche die Kunden herausgezogen hatten. Dann kaufte sie mir ein Croissant.

Gegen vier Uhr brachte mich Jo zur Porte Dorée zurück und setzte mich vor dem Haus ab. Simone war allein zu Hause.

»Ich habe im Laden deine Schwiegermutter getroffen.«

Darauf ging sie an die Decke. »Ich verbiete dir, mit dieser Hexe zu reden!«

Ich war verblüfft; die Frau war mir nun wirklich nicht wie eine Hexe vorgekommen. Simone hakte nach. »Und wenn sie dir etwas zu essen anbietet, lehnst du ab. Verstanden?«

Das war das erste Mal, dass ich Simone so heftig reagieren sah. Wenn sie einmal ihr Lächeln fallen ließ, brüllte sie mit verzerrter Miene herum wie ein zorniger Löwe.

»Ist gut«, sagte ich. »Das konnte ich ja nicht wissen.«

»Okay. Jetzt holen wir Maoli ab.« Sie zeigte mir den Weg zur Schule, aber im Zeitraffer, weil wir im Auto fuhren. So gut es ging, versuchte ich mir die Strecke einzuprägen. Maoli wartete schon am Schultor auf uns. Simone brachte mich kurz hinein, stellte mich der Concierge vor und erklärte ihr, dass ich zukünftig ihre Tochter abholen würde. »Nimm Maolis Schulranzen!«, befahl sie mir, als wir das Gebäude verließen.

Daheim erläuterte Simone mir, was ich zu tun hatte. »Wenn Maoli heimkommt, machst du ihr eine Brotzeit, danach räumst du den Teller ab und hilfst ihr bei den Hausaufgaben.«

Wir setzten uns an den Wohnzimmertisch und Maoli holte ihre Hefte heraus. Sie arbeitete mit Hingabe und kaute auf dem Ende ihres Stifts herum, wenn sie nachdachte. Als sie die Hausaufgaben beendet hatte, nahm sie ein Bad. Anschließend kochte ich ihr das Abendessen. Simone hatte mich gewarnt. »Maoli ist ein bisschen heikel. Mach ihr einfach Pommes frites, die liebt sie.«

Nach der Mahlzeit verschwand Maoli in ihrem Zimmer, dann kam Simone und zeigte mir, was wir – Stéphanie und ich – an den verschiedenen Wochentagen essen würden: Hühnchen, Grieß und Dosentomaten.

Als ich fertig gekocht hatte, wartete ich auf Stéphanie, bevor ich mich zu Tisch setzte. Da kam Simone in die Küche. »War's das? Bist du fertig?«

»Nein«, antwortete ich. »Ich warte noch auf Stéphanie.«

»Vergiss es! Stéphanie kommt heute später, Jo auch. Beeil dich lieber, ich muss dir noch zeigen, was du morgen zu tun hast. Morgen bringst du Maoli zur Schule.«

»Und wann fange ich mit der Schule an?«, fragte ich.

»Du bist gut!«, rief Simone. »Du bist doch gerade erst angekommen; ich muss mich erst um deine Einschreibung kümmern. Da kann man nicht einfach hineinspazieren! Wir werden dann schon sehen ...«

Am nächsten Tag hörte ich Simone aufstehen, aber ich war noch zu müde, um mich zu rühren. Simone steckte den

Kopf herein. »He, steh auf, es ist sieben Uhr! Sobald Stéphanie aus der Dusche kommt, bist du dran.« Doch kaum stand ich unter der Dusche, da hämmerte Simone schon an die Tür: »Du hast noch fünf Minuten! Also trödele nicht!« Eilig sprang ich in meine Kleider.

»Richte das Frühstück her!«

Als Maoli und ich zur Schule aufbrachen, war es noch dunkle Nacht. Maoli zeigte mir den Weg, ich trug ihren Schulranzen. Auf dem Heimweg erwischte ich drei Mal die falsche Haustür, bevor ich die richtige fand.

Wie am Vortag musste ich das Bad putzen, das Wohnzimmer, das Schlafzimmer. Danach zeigte Simone mir eine große Vorratskammer, in der sie sämtliche Nahrungsmittel aufbewahrte, die sie aus Afrika mitgebracht hatte. »Jetzt zeig mir, ob du Ordnung schaffen kannst!«

Ich musste alle Regalbretter leer räumen, reinigen und danach alles wieder ordentlich einräumen. Diesen Test bestand ich, daher vertraute mir Simone die Reinigung des Kamins an, der stark verrußt war. Ich bekam einen ganzen Haufen alter Lumpen und Putzmittel, dann durfte ich loslegen.

Anschließend kochte ich das Mittagessen. Simone erklärte mir, wie der Mixer funktionierte, und bat mich, ein Püree aus Pfefferschoten zuzubereiten. Das tat ich und Simone meinte, ich stellte mich besser an als Stéphanie. Danach fand ich Zeit, selbst zu essen.

Später ging Simone mit mir aus, zeigte mir die Läden, in denen ich einkaufen würde, und den Waschsalon. Ich versuchte, mir den Weg zu merken.

Um Viertel nach vier machte ich mich auf, um Maoli abzuholen. Ich fürchtete, mich zu verlaufen, alle Kreuzungen waren einander so ähnlich. Doch ich fand die Schule ohne Probleme.

Wieder daheim, hatte ich mich in der Küche gerade auf einen Hocker gesetzt, da kam Simone herein.

»Es lohnt gar nicht, dass du dich hinsetzt. Du hast noch Arbeit: Du musst die Küchenschränke aufräumen, die Wohnung saugen und das Abendessen kochen.« Später deckte ich im Wohnzimmer den Tisch für fünf Personen.

»Was soll denn das bedeuten?«, fragte Simone.

»Na, ich decke den Tisch.«

»Nimm zwei Gedecke weg. Stéphanie und du, ihr esst in der Küche. Ich dachte, ich hätte mich klar ausgedrückt. Und rührt mir diese Teller nicht an. Wo eure Teller stehen, habe ich dir gestern gezeigt.«

Also räumte ich zwei Gedecke ab. Mir war schlecht, eine Welle des Ekels schlug über mir zusammen. Sie hatte kein Recht, so mit mir zu sprechen! Ich ging ins Wohnzimmer zurück. »Ich will nicht mehr hier bleiben. Ich will nach Afrika zurück. Ich habe mich geirrt«, verkündete ich. Nie im Leben hätte ich erwartet, was daraufhin geschah: Simone brach in Gelächter aus, ein schallendes, sarkastisches Lachen aus vollem Hals. Ich erkannte sie nicht wieder.

»Glaubst du wirklich, ich habe dir ein Flugticket gekauft, damit du hier zwei Tage Urlaub machst? Bevor du überhaupt daran denken kannst, wieder zurückzufliegen, musst du arbeiten, bis das Ticket abbezahlt ist.«

Wieder lachte sie. Ich sah sie fassungslos an, Tränen flossen über meine Wangen. Ich kannte mich gar nicht mehr aus. »Das war nicht vereinbart«, protestierte ich. »Wenn es nur am Geld liegt, wird mein Vater alles tun, um es zu erstatten.« Sie antwortete mir nicht. Und als ich mich weiter beschwerte, blaffte sie mich an.

»Willst du noch lange flennen? Geh in die Küche!«

Dort brach ich schluchzend zusammen. Ich dachte an meine Mutter, meine Geschwister, unsere Abendessen im

Kreis der Familie. Gegen zehn Uhr kam Stéphanie zurück und fand mich, wie ich tränenüberströmt auf einem Schemel saß. Einen Moment lang schwieg sie.

»Es lohnt sich gar nicht, jetzt schon zu weinen. Das war erst der Anfang ...«, flüsterte sie.

Ich sah auf. Doch da stürmte Simone ins Zimmer, packte Stéphanie am Arm und schüttelte sie.

»Ihr sollt euch nicht in der Küche unterhalten! Ich will keinen Ton hören!«

Ihre Züge waren bösartig verzerrt, die Augen traten ihr aus den Höhlen. Plötzlich bekam ich Angst vor ihr. Noch nie hatte ich jemanden sich so völlig verändern sehen. In meiner Naivität hatte ich es einfach nicht für möglich gehalten, dass jemand sein wahres Gesicht so geschickt verbergen könnte. Simone, die sich in Lomé freundlich und warmherzig gegeben hatte, fing hier ohne Grund zu brüllen an. Man spürte, dass sie bereit war zuzuschlagen. Ich war so verblüfft und entsetzt, dass ich »einverstanden« murmelte. Dann zerrte sie Stéphanie in den Gang.

In jener Nacht fand ich keinen Schlaf. Als Stéphanie ins Bett ging, wagte sie nicht, das Wort an mich zu richten. Ich hätte ohnehin nicht die Kraft gefunden, ihr zu antworten, so geschwächt war ich vom Weinen. Doch mitten in der Nacht hörte ich sie sagen: »Hör auf zu heulen.«

Ich schluchzte daraufhin nur noch lauter. Simone öffnete die Tür zu unserem Zimmer.

»Du weckst noch mein Kind auf! Geh zum Flennen in die Küche!«

Zwei Stunden lang saß ich dort auf einem Hocker und konnte den Strom meiner Tränen nicht stoppen. Dann kam Simone, sagte, dass es genug sei und ich zu Bett gehen solle.

»Ich muss meinen Vater und meine Mutter anrufen. Sie werden dir garantieren, dass du dein Geld für das Flugticket zurückbekommst. Ich will wieder nach Hause«, teilte ich ihr gleich am nächsten Morgen mit.

Meine Augen waren ganz geschwollen, ich hatte zu nichts Lust. Als Simone mir befahl abzuspülen, weigerte ich mich.

»Mach die Betten«, sagte sie. Ich weigerte mich. Nicht einmal auf die Aufforderung zum Frühstück reagierte ich. Ich wollte nur noch eines: mit meinen Eltern reden.

Schließlich lenkte Simone ein. »Okay, ich mache dir einen Vorschlag: Du isst jetzt erst einmal was, danach gehen wir aus und du kannst bei deiner Familie anrufen.«

Ich erklärte mich einverstanden und trocknete meine Tränen. Ich war hungrig, brachte aber keinen Bissen hinunter. Mein Magen war wie zugeschnürt.

»Also, hast du etwas gegessen?«

»Ja. Können wir jetzt meinen Vater anrufen?«

»Warte noch, erst gehen wir aus.«

Wir fuhren in Richtung Faubourg-Saint-Martin. Kaum hatten wir das Geschäft betreten, bohrte ich weiter.

»Ich will jetzt sofort telefonieren!«

Doch Simone vertröstete mich. »Später. Wenn wir wieder zu Hause sind.«

Jo kam, um uns zu begrüßen, und wunderte sich.

»Warum sind ihre Augen denn so aufgequollen? Ist sie krank?«

»Nein, sie will nach Hause.«

»Warum denn das, Henriette?«

»Weil ich mich geirrt habe. Ich wollte eigentlich gar nicht weg, ich kann nicht ohne meine Geschwister leben.«

Daraufhin besorgte mir Jo einen heißen Kakao, stellte mir ein paar Fragen über meine Familie und schenkte mir einen Rock.

»Wie auch immer, diese Angelegenheit musst du mit deiner Tante besprechen.« Er wandte sich an Simone. »Es bringt nichts, wenn sie heute hier bleibt. In diesem Zustand kann sie nicht arbeiten.«

Also schickte mich Simone zurück zur Porte Dorée.

»Und was ist mit dem Anruf?«

»Heute Abend, wenn wir zurück sind.«

Jo zeichnete mir den Heimweg auf, dann begleitete er mich bis zum Bahnsteig der Métro. Sklavisch hielt ich mich an die Anweisungen, stieg an der Station République aus, um in eine andere Linie umzusteigen, war aber so verwirrt, dass ich mich bald hoffnungslos in den Gängen verlief. Ich glaubte zu ersticken. Ich irrte im Labyrinth der Tunnel herum, jede neue Welle von Menschen schob mich in eine andere Richtung. Vergebens versuchte ich, mich nach dem Weg zu erkundigen; die Leute zischten an mir vorbei wie Pfeile, schubsten mich zur Seite.

Fast zwei Stunden lang irrte ich im Untergrund herum. Glücklicherweise hatte Jo mir die Nummer des Ladens aufgeschrieben. Endlich fand ich eine Telefonzelle, eine Dame ließ mich ihre Telefonkarte benutzen. Jo hob ab.

»Ich bin am Bahnhof République«, sagte ich. Erstaunt wies er mich an, zum Bahnsteig der Linie Galliéni zurückzugehen und dort auf ihn zu warten. Glücklicherweise fand ich zurück. Wenige Minuten später kam Jo und brachte mich zur Porte Dorée.

Als Simone am Abend nach Hause kam, hatte ich nichts angerührt oder vorbereitet. Ich hatte nur noch einen Wunsch: nach Afrika zurückzukehren. Simone erkannte, dass ich für sie völlig unbrauchbar war, bis ich nicht mit meinem Vater telefoniert hätte. Also wählte sie die Nummer und reichte mir den Hörer. Allerdings blieb sie direkt neben mir stehen. Mein Vater nahm ab und ich war so glücklich darüber, dass ich einfach losfaselte.

»Henriette, bist du das? Geht es dir gut?«, warf er dazwischen. »Ja, ja, mir geht's gut. Ich will nur wieder heim!«

»Was? Jetzt schon? Aber das kann doch nicht sein, du hast noch gar nichts von Frankreich gesehen. Warum willst du denn zurück?«

Ich sprudelte los. »Ich wusste nicht, dass hier alle eingesperrt werden. Ich darf nur die Küche betreten ...« Da legte Simone den Finger auf die Gabel und unterbrach das Gespräch.

»Hallo? Hallo?«, fragte ich in die tote Leitung. Mein Vater war weg.

»Warum lässt du mich nicht mit ihm reden?« Keine Antwort. Stattdessen schickte sie mich in die Küche. Ich war wie erschlagen.

Wenige Minuten später klingelte das Telefon. Simone ging dran. Ich war mir fast sicher, dass mein Vater anrief, aber so sehr ich auch die Ohren spitzte, ich konnte nicht hören, was Simone sagte. Als sie in die Küche kam, dachte ich, sie wolle mich ans Telefon holen. Doch das Gespräch war bereits beendet.

»Dein Vater hat beschlossen, dass du hier bleibst.«

»Aber das gibt's doch nicht! Ich muss noch einmal mit ihm reden, muss ihm erklären ... Und meine Mutter?«

»Die war nicht da. Und jetzt hör mir ein für alle Mal gut zu. Ich habe dich nach Paris mitgenommen, damit du arbeitest. Und du wirst arbeiten oder es gibt Krieg zwischen uns. Und du würdest den Kürzeren ziehen, das kann ich dir garantieren! Am besten gehorchst du mir einfach. Denk daran, dass du außer mir hier niemanden hast.«

Als sie ihre Ansprache beendet hatte, ließ sie mich allein. Ich sackte auf einem Schemel zusammen, war wie betäubt und fing schließlich an zu heulen wie ein Schlosshund.

Nach einiger Zeit kam Simone zurück und befahl mir aufzustehen. Sie versuchte, mich hochzuheben, tat sich aber äußerst schwer. Ich wog mehr als ein toter Esel. Schließlich gelang es ihr doch, mich ins Wohnzimmer zu schleifen.

»So, jetzt schaust du erst einmal ein bisschen fern, dann unterhalten wir uns.« Sie schaltete den Apparat an. Ich stand auf und schaltete ihn wieder aus.

»Nein«, sagte ich, »wir unterhalten uns jetzt! Ich will nach Afrika zurück! Wenn mein Vater findet, dass ich hier bleiben muss, dann will ich das aus seinem Mund hören – oder zumindest mit meiner Mutter sprechen.«

»Dein Vater sagt, sie sei gerade in ihrem Heimatdorf. Er versucht, sie so bald wie möglich zu erreichen. Er ruft bald wieder an. Aber wie auch immer, die Sache ist entschieden. Du bleibst.«

Voller Ungeduld wartete ich die nächsten drei, vier Tage, dass mein Vater sich meldete. Gern hätte ich ihn selbst angerufen, doch Simone ließ mich nicht.

Am Sonntag endlich klingelte das Telefon. Sie nahm ab, hörte kurz zu.

»Henriette, dein Vater ist dran.«

Ich sprang vor Freude in die Luft und schnappte mir den Hörer. Simone schaltete auf den Lautsprecher. »Hallo! Kann ich zurück?«

»Aber was redest du denn da? Simone hat mir erzählt, du fühlst dich bei ihr sehr wohl.« »Aber nein, das habe ich nie gesagt, das gibt's doch nicht ... Ganz im Gegenteil ...«

Vater fuhr fort. »Sie hat gesagt, du bist sehr glücklich und arbeitest gut.«

»Aber nein«, protestierte ich, »sie hat dich angelogen.« Vor Schrecken schnürte sich meine Kehle zu, ich brachte kein Wort mehr hervor. Diese Stille nutzte Simone, um sich den Hörer zu nehmen.

»Ja, natürlich weint sie manchmal, weil hier alles so anders ist. Aber das ist reine Gewohnheitssache. Und dann vermisst sie ihre Geschwister ...« Sie reihte einen Gemeinplatz an den anderen und ignorierte mich völlig.

Erst da ging mir ein Licht auf: Ich war in eine Falle getappt. Eine Falle, aus der ich mich nicht einfach mit einem Telefonanruf befreien konnte. Ich schleppte mich zurück in die Küche, während Simone fröhlich weiterplauderte. In meinem Kopf klangen noch die Worte meines Vaters nach: »Wenn es dir dort nicht gefällt, rufst du mich einfach an, dann hole ich dich zurück.« Er hat es mir versprochen. Und jetzt, da ich ihn bat, zurückkommen zu dürfen, hörte er mir nicht zu. Wie konnte er mich so einfach verraten? Warum hielt er sein Versprechen nicht ein? Wer sollte mich denn retten, wenn ich mich nicht einmal auf meinen Vater verlassen konnte?

Nachdem Simone aufgelegt hatte, kam sie in die Küche. Sie redete mit mir, doch ich hörte gar nicht zu. Allmählich drang zu mir durch, dass ich mich anziehen sollte, wir würden mit Maoli nach draußen gehen. Wir spazierten zu einem großen Park nahe der Porte Dorée, in dem viele Kinder spielten. Am Spielplatz machte Simone zwei Fotos von mir und Maoli. »Die schicke ich deinem Vater«, sagte sie.

Maoli ging spielen, Simone und ich saßen eine Stunde lang nebeneinander auf einer Bank. Ich reagierte nicht mehr. Mir war kalt, ich versuchte nachzudenken. Was sollte ich tun? Auf jeden Fall würde Simones Wort immer mehr zählen als meines. Seit ihrem Besuch in Lomé stand das Urteil meines Vaters fest: Er vertraute Simone hundertprozentig, Yvonnes Schwester, der Pariser Geschäftsfrau. Und ich? Ich wohnte in Frankreich, also musste das Leben ja schön sein.

Ich war unfähig, einen vernünftigen Gedanken zu fassen. Während meiner gesamten Kindheit hatte ich mich auf die Stärke meines Vaters verlassen. Er war der Koloss gewesen, der mich beschützte – und auf einmal zerfiel er. Was immer eine Gewissheit gewesen war, löste sich nun vor meinen Augen auf. Vergeblich versuchte ich mir einzureden, ich hätte nicht mit Vater geredet, sondern mit jemand ganz anderem ...

Wieder in der Wohnung, protestierte ich nicht länger. Mechanisch antwortete ich mit »ja« auf alles, was Simone mir sagte, auch wenn ich nicht wusste, wovon sie redete. Ich ließ ein Bad für Maoli ein, kochte, deckte den Tisch.

Es war Sonntag, Jo hatte den Tag bei seiner Mutter verbracht. Als ich das Abendessen servierte, erkundigte er sich nach meinem Befinden.

»Und, Henriette, geht es dir gut?«

»Ja«, antwortete ich.

Später, ich hatte gerade fertig abgeräumt, kehrte Stéphanie zurück. Wir waren allein in der Küche. »Wo warst du den ganzen Tag?«, fragte ich im Flüsterton.

»Ich habe den Leuten von den Botschaften Kleidung verkauft.«

»Wie? Welche Botschaften?«, fragte ich – wohl etwas zu laut, denn plötzlich stand Simone in der Tür, einen Teller Pommes frites in der Hand. Rasend vor Zorn bewarf sie uns damit.

»Du! Ich habe dir verboten, mit Henriette zu reden. Und auch du musst endlich lernen, mir zuzuhören. Wenn ich euch das nächste Mal beim Plaudern erwische, erlebst du was!«

Sie zerrte Stéphanie aus der Küche.

Erst beim Zubettgehen sah ich Stéphanie wieder. Sie bewegte sich mechanisch, wie ein Roboter, und sagte kein

Wort. Vielleicht hatte Simone sie geschlagen, wegen mir. Ich fragte mich, wie sie das aushielt – und wie lange schon.

In der folgenden Woche achtete Simone darauf, mich nicht mit Arbeit zu überhäufen. Vor allem kümmerte ich mich um Maoli, die gerade Ferien hatte. Allerdings war ich deshalb auch nur selten allein. Einmal versuchte ich heimlich, in Lomé anzurufen, doch ich kannte die Vorwahl für Togo nicht und wusste nicht einmal die Nummer der französischen Auskunft. Meistens steckte ich aber mit Maoli zusammen; dann wagte ich nicht, das Telefon anzurühren, aus Angst, sie würde mich verraten.

Dabei gehörte die Kleine nicht zur gesprächigen Sorte, mit mir redete sie praktisch nie. Sie lebte ganz in sich selbst zurückgezogen, von einem Schutzpanzer umgeben. Wenn sie aus der Schule kam, verschwand sie entweder sofort in ihrem Zimmer oder machte es sich wortlos auf der Couch bequem und schaute Zeichentrickfilme an.

Wenn ich fragte: »Willst du nichts essen?«, bekam ich keine Antwort; ihre Augen klebten am Bildschirm.

»Hast du Hunger?«

Kopfnicken.

»Was willst du essen?«

Schweigen.

Also richtete ich ihr irgendeinen kleinen Imbiss her. Manchmal nahm sie ihn, manchmal rührte sie ihn nicht an.

Ich wunderte mich, schließlich sind achtjährige Kinder voller Leben, sie spielen, springen herum, schreien, machen eine Dummheit nach der anderen. Maoli war wie eine Statue, die sich nur manchmal bewegte. Sie sprach praktisch nicht, auch nicht abends, wenn ihre Mutter heimkam. Ich habe sie auch nur selten lächeln sehen. Oft kitzelte Simone sie, um sie zum Lachen zu bringen. Manchmal rang sich

Maoli dann ein müdes Lächeln ab – oder bekam einen Anfall, stürmte in ihr Zimmer und brüllte, dass sie Simone nie wiedersehen wolle. Das waren keine leeren Worte: Mehrmals hat Maoli Simone den Schlüssel stibitzt und sie in ihrem eigenen Zimmer eingesperrt. Schließlich entfernte Simone den Schlüssel für immer. Simone fand das, glaube ich, nicht einmal merkwürdig, aber wenn ich sie mit meiner zartfingrigen Mutter verglich, verstand ich gar nichts mehr.

Eines Abends hatte ich mir gerade die Haare gewaschen, als Simone ins Bad platzte.

»Schau mal, die ganzen Haare im Abfluss, das ist ja widerlich! Deine Haare sind zu lang, ich werde sie dir abschneiden. Dann sparst du morgens beim Frisieren viel Zeit.«

»Kommt nicht in Frage! Ich lasse nur meine Mutter an meine Haare.«

Simone versuchte, mich zu beruhigen. »Reg dich nicht auf, die wachsen wieder nach. Setz dich hin, ich hole eine Schere.«

Dann begann sie ihr Werk mit groben Schnitten; dicke Strähnen fielen zu Boden. Als ich aufstand und mich im Spiegel sah, war ich entsetzt: Sie hatte mir einen Bubenschnitt verpasst und noch dazu überall Löcher in meine Frisur geschnitten. Lange betrachtete ich mich im Spiegel. Ich erkannte mich nicht wieder.

Die Februarferien näherten sich ihrem Ende. Ich war mit Maoli zu Hause, als Stéphanie ungewöhnlich früh heimkam, noch vor Simone. Sie bedeutete mir, ihr in die Küche zu folgen. Ich überließ Maoli ihren Zeichentrickfilmen und folgte Stéphanie.

Sobald wir allein waren, sprudelte sie los.

»Versuche nie, mit mir zu sprechen, wenn Simone zu

Hause ist. Tu einfach so, als ob ich nicht existiere.« Die Worte entströmten ihr in einem breiten Schwall wie Wasser einer geborstenen Leitung. Flüsternd und hastig erzählte sie mir ihre Geschichte, immer mit einem beunruhigten Blick auf die Eingangstür.

Ihre Familie hatte sie schon sehr früh zu Simones Mutter in Lomé abgeschoben. Jahrelang wurde sie von ihr ausgebeutet und misshandelt, dann nahm Simone sie nach Frankreich mit. Anfangs war Stéphanie vor Freude außer sich, obwohl sie Simone gut kannte und in etwa wusste, was sie erwartete. Natürlich würde sie nie in die Schule gehen oder gar Bezahlung bekommen. »Vor dir gab es ein anderes Mädchen«, erzählte sie. »Simone hat sie vor deiner Ankunft zurück nach Togo geschickt.«

»Wie hieß sie?«

»Phoebé.«

Als ich diesen Namen hörte, erinnerte ich mich an die Warnung meiner Tante Bénédicte. Um mich von meinem Plan abzubringen, mit Simone nach Frankreich zu gehen, hatte Bénédicte mir von meiner Vorgängerin erzählt, die bei Simone in Paris gelebt hatte und mit leeren Händen zurückgekehrt war. Phoebé. Ich sollte Phoebé ersetzen. Während ich Stéphanie weiter zuhörte, schweiften meine Gedanken zu Tante Bénédicte ab, ihre Warnungen tönten mir im Ohr.

»Jeden Tag stehe ich um sechs Uhr auf und komme erst gegen zehn Uhr nachts von meiner Arbeit.« Jeden Tag zog Stéphanie von einer afrikanischen Botschaft zur nächsten und bot dort Kleidung an. Sie präsentierte die Kleidungsstücke, verkaufte sie und notierte sich die Namen derjenigen, die auf Kredit kauften. Bei diesen Kunden ging sie regelmäßig vorbei, kassierte Raten von hundert oder zweihundert Francs und stellte neue Artikel vor. Wenn sie abends heimkam, musste sie zuerst mit Simone abrechnen, bevor sie etwas essen durfte. Danach räumte sie noch ein wenig auf und legte sich dann schlafen – bis zum nächsten Morgen um sechs. So liefen alle Tage ab, selbst die Sonntage. Nie hatte Stéphanie frei.

Gebannt hörte ich ihr zu, nickte nur hin und wieder und murmelte etwas wie »hm, hm«. Ich war so überrascht, dass ich sogar vergaß, sie mit Fragen zu unterbrechen. Bis zu jenem Abend hatte ich keine Ahnung, was Stéphanie tagsüber tat; wenn ich aufstand, war sie oft schon aus dem Haus. Jetzt fiel ich aus allen Wolken. Noch klangen mir Simones Versprechungen aus Lomé im Ohr und ich konnte mir nur schwerlich vorstellen, dass jemand einen anderen Menschen so behandelte. Natürlich wusste ich, was es bedeutete, in Afrika als Haushaltshilfe zu arbeiten: Man musste die Mahlzeiten kochen und sich um die Kinder kümmern. Aber das war nichts, verglichen mit der Schufterei, zu der Stéphanie jeden Tag gezwungen wurde – und das alles ohne Lohn!

Als sie geendet hatte, fiel mir nur eine Frage ein.

»Warum bist du geblieben? Niemand hat das Recht, dich wie ein Vieh schuften zu lassen. Warum bist du geblieben?«

Sie antwortete mir nicht. Vielleicht fürchtete sie, bereits zu viel erzählt zu haben. Hatte sie Angst, ich könnte Simone alles weitererzählen? Vielleicht deutete sie mein Schweigen als Zeichen der Ungläubigkeit. Auf jeden Fall sprach sie kein weiteres Wort und ging in unser Zimmer.

Ich folgte ihr und hakte nach. »Hast du mir da die Wahrheit erzählt? Es ist doch unmöglich, dass jemand dich so schlecht behandelt! Und wie ist Phoebé herausgekommen?«

Stille. Erst schüttet sie mir ihr Herz aus, dann hört sie

plötzlich zu reden auf und sagt kein Wort mehr. Mit verschlossener Miene packte sie die Ware, die sie auf ihrer Tour dabeigehabt hatte, aus der großen Tasche, die sie mit sich herumtrug.

Als Simone zurückkam, stellte ich ihr die Frage, die mir auf der Seele brannte.

»Wann darf ich in die Schule gehen?«

Simone gab mir keine Antwort, sondern steuerte direkt auf unser Zimmer zu.

»Stéphanie, was hast du ihr erzählt?«

»Nichts, gar nichts«, beteuerte Stéphanie und rief mich als Zeugin an.

»Hab ich dir irgendwas gesagt?«

»Simone, ich kann dir versichern, dass sie nicht mit mir gesprochen hat.«

Da fiel es mir wie Schuppen von den Augen, dass Stéphanie mich nicht angelogen hatte, dass alles wahr war. Denn wie ließe sich Simones Reaktion anders erklären? Warum sonst hätte sie sofort auf Stéphanie losgehen sollen? Ganz offenkundig hatte sie etwas zu verbergen.

Derweil ließ Simone immer noch nicht locker.

»Stéphanie, was hast du ihr erzählt?«

»Gar nichts!«, beteuerte Stéphanie.

Simone schlug ihr ins Gesicht. Stéphanie hielt sich die Wange, den Ellbogen schützend erhoben. Ich bekam Angst und brach in Tränen aus.

»Sie hat mir nichts erzählt. Sie ist doch gerade erst heimgekommen; ich war mit Maoli im Wohnzimmer. Stéphanie und ich haben kein einziges Wort gewechselt.«

Wie auf ihr Stichwort tauchte Maoli auf, vom Geschrei neugierig geworden. Schnell nahm mich Simone bei der Hand und zog mich aus dem Zimmer.

»Warum weint Henriette?«, fragte Maoli.

Das war das erste Mal, dass sie meinen Namen ausgesprochen hatte.

»Wegen Stéphanie«, antwortete Simone und schickte mich in die Küche, um sich in Ruhe um Maolis Hausaufgaben kümmern zu können.

Danach erlaubte mir Simone, etwas zu essen, doch ich hatte keinen Hunger. Ich verlor rapide an Gewicht, hatte überhaupt keinen Appetit mehr und aß manchmal tagelang nichts.

»Du musst etwas essen«, mahnte Simone, »sonst wirst du krank, und ich habe kein Geld, dich behandeln zu lassen. Hier ist alles sehr teuer, ich kann dich nicht ins Krankenhaus bringen.«

»Warum kann ich nicht ins Krankenhaus?«

»Weil du keine Papiere hast.«

»Keine Papiere?«, fragte ich verblüfft. In Togo hatte ich nie Papiere gebraucht, wozu sollte ich sie hier benötigen? Jetzt musste ich es aber wissen. »Und warum habe ich keine Papiere?«

Darauf erhielt ich keine Antwort. Wie auch immer, diese »Papiere« waren mir gleichgültig, ich wollte nur wissen, wann ich zur Schule gehen würde.

»Bevor ich etwas esse, musst du mir sagen, wann ich in die Schule gehen darf.«

»Das Schuljahr hat bereits begonnen. Bis nächsten September musst du dich noch gedulden, dann lasse ich dich einschreiben und du kannst zur Schule gehen«, versprach Simone und verließ das Zimmer.

September lag noch in weiter Ferne. Und durfte ich Simone überhaupt vertrauen? Auf jeden Fall half diese Antwort nicht, mir den Appetit wiederzugeben. Lang saß ich vor meinem Teller, ohne etwas anzurühren. Dann kam Simone zurück, stellte meinen Teller in die Spüle, nahm ein

Gedeck des schönen Geschirrs, das wir nicht anrühren durften, aus dem Schrank und gab mir etwas vom Abendessen der Familie. Doch weder der Teller noch das bessere Essen änderten etwas; ich brachte keinen Bissen hinunter. Stéphanies Bericht ging mir nicht aus dem Kopf. Ich dachte an Phoebé, an Simone, die ich zu kennen geglaubt hatte und die sich so völlig verändert hatte. Ich war wie vor den Kopf gestoßen.

»Gib dir ein bisschen Mühe. Was hast du heute schon gegessen?«

»Nichts.«

Sie ging zum Fruchtkorb, nahm eine Orange und reichte sie mir. »Da, nimm!«

»Wir dürfen keine essen, das hast du selbst gesagt.«

»Aber heute bekommst du eine. Nimm schon.«

Ich nahm sie, denn ich liebe Obst.

Am nächsten Tag weckte mich Simone um drei viertel sechs statt um sieben. Ich war noch völlig verschlafen und verstand überhaupt nichts. Als Simone später noch einmal ins Zimmer kam, um zu sehen, wie weit ich war, stand ich einfach nur schlaftrunken im Zimmer herum.

»Beeil dich! Geh unter die Dusche!«, hetzte sie mich.

»Was? Mitten in der Nacht?«

»Es ist helllichter Tag, nun mach schon!«

Also schlurfte ich ins Bad und fing gerade an, mich zu waschen, als Simone schon an die Tür hämmerte.

»Beeil dich, sonst verbrauchst du das ganze warme Wasser!«

Ich drehte das Wasser ab, obwohl ich noch eingeseift war, stieg aus der Dusche und fing gerade an, mich anzuziehen.

»Was machst du da drin? Du bist jetzt schon fünf Minuten im Bad und immer noch nicht fertig!«

Statt ihr zu antworten, sprang ich schnell in meine Kleider und ging in die Küche, um das Frühstück für Maoli vorzubereiten, bevor sie aufwachte.

»So, nimm diese Tasche und komm mit!« Ich folgte ihr in unser Zimmer. Dort nahm sie etwa dreißig Kleidungsstücke aus dem Schrank und dem Rollkasten, gab mir ein Heft und befahl mir, alles aufzuschreiben. »Wie viele Hosen sind das? Wie viele Westen? Welche Farben?«

Ich zählte alles durch und schrieb die entsprechenden Zahlen in das Heft. Dann stopfte ich die Waren in die Tasche, so gut es ging, zog meinen Mantel an und verließ mit Simone das Haus. Heute würde sich Stéphanie um Maoli kümmern.

Wir stiegen ins Auto.

»Achte genau auf den Weg, denn ab morgen wirst du mit der Métro fahren. Und wenn du dich verirrst, werden Polizisten dich nach deinen Papieren fragen und einsperren.«

»Was soll diese Geschichte mit den Papieren schon wieder? Warum sollten sie mich danach fragen?«

»In Frankreich braucht man seine Papiere, das ist nun mal so.«

»Was für Papiere denn überhaupt?«

»Einen Personalausweis.«

»Aber meinen Pass hast du doch!«

»Nein, nein! Den Pass braucht man für die Einreise, aber er genügt nicht als Aufenthaltsgenehmigung.«

»Und warum lässt du mir dann nicht die entsprechenden Papiere ausstellen? Wieso sperrt man mich ein, wenn du dich um die Papiere kümmern musst?«

»Die Sache läuft anders. Wenn du keine Papiere vorweisen kannst, kommst du ins Gefängnis. Mich kennen die Polizisten ja gar nicht. Wenn sie mich fragen, sage ich, ich hätte dich nie zuvor gesehen.«

Schließlich kamen wir vor der Botschaft Kenias an. Simone parkte am Bordstein.

»Du gehst jetzt in dieses Gebäude. Dort gibt es drei Büros; du nimmst die linke Türe und sagst, dass du von Simone kommst.«

Ich betrat die Botschaft, stellte meine Tasche in die Mitte der Eingangshalle und drehte um. »Ich hab es nicht gefunden«, gestand ich. Simone stieß einen Seufzer aus, stieg aus und brachte mich bis zu den Büros. »Morgen bist du auf dich allein gestellt, zähl dann nicht mehr auf mich!«

Eine Dame begrüßte uns. »Sissi, was bringst du uns Schönes mit?«

Simone stellte mich dieser Frau als ihre Nichte vor; gemeinsam zogen wir durch das gesamte Gebäude. Ich holte die Kleidungsstücke aus der Tasche – Kostüme, Röcke, Kleider, Mäntel – und zeigte sie den Kundinnen und Kunden. Diese begutachteten die Waren, probierten sie an und trafen ihre Wahl. Ich musste aufschreiben, was die Leute behielten, wovon sie eine andere Größe oder Farbe probieren wollten. Simone half mir zwar, kündigte aber gleich an: »Das nächste Mal machst du alles allein. Wenn du einen Kunden nicht mit Namen kennst, bitte ihn oder sie, ihn selbst ins Heft zu schreiben. Daneben notierst du dann die Bestellung.«

So zogen wir durch vier Botschaften, von Kenia, Tansania, Guinea und Mali. Simone hatte ihre Stammkundschaft, wusste, wo deren Büros lagen. Jeder schien sie zu kennen, alle begrüßten sie mit Küsschen.

Um zwei Uhr nachmittags legten wir eine kurze Pause ein, gerade lange genug, um einen Zipfel Wurst und ein Stück Brot hinunterzuschlingen. Nach zwei weiteren Botschaften fuhren wir zum Laden, weil wir kaum noch Ware hatten.

Nach Geschäftsschluss fuhren wir gemeinsam zur Porte Dorée zurück. Jo saß am Steuer.

»So, Henriette, hast du Paris besichtigt? Gefällt es dir?«

»Nein.«

»Wieso nicht?« Er sah mich über den Rückspiegel an.

»Ganz einfach, weil es ganz anders als daheim ist.«

Zu Hause hatte Stéphanie bereits das Abendessen vorbereitet. Ich ging zu ihr in die Küche.

»Klapperst du jeden Tag die Botschaften ab?«, fragte ich leise.

»Ja.«

»Und hast du dich nie mit den Leuten dort unterhalten und sie um Hilfe gebeten?«

Sie sah mich stumm an – und lächelte dann! Ich verstand gar nichts mehr. Seit meiner Ankunft in Paris war ihr nicht das kleinste Lächeln entschlüpft.

»Warum lächelst du?«

Da bedeutete mir Stéphanie zu schweigen; sie wusste, dass Simone oft an der Tür horchte. Und wirklich platzte Simone gleich darauf in die Küche: »Was heckt ihr beiden hier aus? Henriette, warum bist du so erschrocken?«

»Weil ich nicht erwartet habe, dass die Tür plötzlich aufgeht.« Stumm starrte Simone Stéphanie an, dann verließ sie den Raum. Keine von uns hat noch ein Wort gesprochen. Dann holte mich Simone, damit ich die Tasche vorbereitete.

»Gut! Du hast ja gesehen, wie es geht. Morgen ziehst du allein los, in der Métro.«

»Ich kann nicht. Ich würde mich verirren.«

»Ich zeige dir den Weg auf dem Plan.«

»Trotzdem würde ich mich garantiert verlaufen.«

»Na schön. Meinetwegen soll Stéphanie dich morgen begleiten. Sie zeigt dir den Weg in der Métro.«

Am nächsten Morgen bereitete ich mich darauf vor, mit Stéphanie loszuziehen, doch ich konnte die Tasche kaum hochheben, so schwer war sie. Stéphanie kam mir zu Hilfe, doch Simone keifte:

»Nichts da! Sie trägt sie allein, schließlich ist sie morgen auch allein unterwegs.«

Ich schleifte die Tasche ins Treppenhaus und auf die Straße; ich konnte kaum gehen, die Henkel schnitten mir in die Hände.

»Stéphanie, jetzt kannst du mir aber helfen!«

»Nein«, antwortete sie, »sie beobachtet dich von oben. Und jetzt hältst du besser die Klappe, sonst merkt sie, dass wir miteinander reden.«

Ich musste alle zwanzig Schritte anhalten, die Tasche absetzen und in die Hände blasen. Als wir den Eingang zur Métro-Station erreichten, nahm Stéphanie einen Henkel der Tasche. Wir waren außer Sichtweite.

»Warum sprichst du nicht mit den Botschaftsangehörigen? Sie scheinen sehr nett.«

»Weil das alles Freunde von Simone sind. Alles, was du ihnen erzählst, tragen sie ihr brühwarm zu. Unterhalte dich nie mit ihnen, egal worüber. Zeig ihnen die Ware und geh.«

»Sonst?«

»Sonst verprügelt sie dich.«

»Schlägt sie dich oft?«

»Ja. Seit du da bist allerdings weniger.«

»Seit wann bist du hier?«

»Seit fast elf Jahren.«

»Elf Jahre! Träumst du nicht davon, wieder nach Hause zurückzugehen?«

»Zu Hause, wo soll das sein? Ich weiß ja nicht einmal mehr, wo meine Mutter wohnt, ob sie überhaupt noch lebt.«

Ich setzte die Tasche im Gang der Métro ab. Wie konnte

ein menschliches Wesen nicht wissen, wo seine Mutter war? Es muss schrecklich sein, niemanden mehr zu haben, den man ansprechen kann, keine Adresse, an die man schreiben kann, keine Telefonnummer. Ich hatte wenigstens meine Familie, also blieb mir Hoffnung. Voller Mitleid sah ich Stéphanie an und stellte mir vor, was sie über all die Jahre erduldet haben musste.

»Wie alt bist du?«

»Zweiundzwanzig.«

»Das heißt, du schuftest für Simone, seit du ..., seit du ...« Ich war so schockiert, ich konnte gar nicht mehr rechnen.

»Ich kann mich nicht erinnern, ich muss elf oder zwölf gewesen sein. Vorher habe ich bei ihrer Mutter gearbeitet.« Ich fragte, seit wann, doch sie wusste es nicht. Auf jeden Fall sei sie damals noch ganz klein gewesen, »vielleicht vier Jahre alt«. Als ich mir die Szene vorstellte, ein winziges vierjähriges Mädchen wischt den Boden, schossen mir Tränen in die Augen. Stéphanie tat mir unendlich Leid. Ihr Schicksal nahm mich so mit, dass ich vorübergehend sogar mein Heimweh vergaß. »Bist du je in die Schule gegangen? Kannst du lesen?«

Sie schüttelte nur den Kopf.

»Und du hast in Afrika niemanden mehr?«

»Nein.«

»Ich rufe meinen Vater an, dann fliegen wir gemeinsam nach Lomé zurück.«

Da lachte sie. Doch ich meinte es ernst. Stéphanie war mir ans Herz gewachsen.

Meistens ging es mir besser als ihr, denn Simone gönnte mir manchmal kleine Belohnungen, Obst oder einen Joghurt, die sie Stéphanie verweigerte. Oft behielt ich diese Geschenke und gab sie heimlich an Stéphanie weiter.

Seit einiger Zeit schliefen wir auch nicht mehr Fuß an Fuß, sondern Kopf an Kopf. So konnten wir uns mitten in der Nacht flüsternd unterhalten, wenn Maoli fest schlief.

»Hat sie dir eigentlich je Geld versprochen?«

»Nein, nie.«

»Aber Phoebé ist nach Afrika zurückgekehrt. Warum lässt Simone uns nicht nach Hause?«

»Weil sie noch keinen Ersatz für uns gefunden hat.« Das war Stéphanies einzige Hoffnung: Dass Simone Ersatz für sie finden würde.

»Ich kann hier nicht bleiben. Das ist doch kein Leben!«, sagte ich.

Über Simone machte ich mir längst keine Illusionen mehr. Wir mussten fliehen, es zumindest versuchen. Doch ohne Geld schien das unmöglich. Wenn ich einkaufen ging, überprüfte Simone immer die Kassenzettel und das Wechselgeld. Einmal schickte sie mich sogar mit allen Tüten zum Supermarkt zurück, weil fünfzig Centimes fehlten. Gemeinsam besaßen Stéphanie und ich also nicht einmal genug Geld, um eine Briefmarke und einen Umschlag zu kaufen.

»Was können wir tun? Ich muss unbedingt meinen Vater anrufen. Kennst du die Vorwahl von Lomé?«

»Ich rate dir davon ab, von der Wohnung aus zu telefonieren. Simone würde das sofort mitkriegen, sie hat so ein Telefon, das alle Nummern anzeigt, die angerufen wurden.«

»Wie hat Phoebé es dann geschafft? Wir könnten unsere Arbeit schlampig machen ...«

»Wenn du dich dumm anstellst, schlägt sie dich. Zurückschicken wird sie dich erst, wenn sie Ersatz gefunden hat. Wenn du nicht gehorchst, fängst du dir Schläge ein.«

In den folgenden Wochen schuftete ich den lieben langen

Tag für Simone. Morgens brachte ich Maoli zur Schule, erledigte dann den Haushalt, half im Laden oder zog durch die Botschaften, die schwere Tasche hinter mir herschleifend. Danach holte ich Maoli von der Schule ab und machte mich wieder an den Haushalt.

Während all meiner Reisen durch Paris sah ich von der Stadt überhaupt nichts. Zwanzig, dreißig Mal holte ich den Stadtplan aus der Tasche und suchte nach Straßennamen. Simone hatte mir verboten, mich nach dem Weg zu erkundigen, unter keinen Umständen durfte ich Männer ansprechen. Aber ich sah mit meinem mausgrauen Mantel und meiner verunstalteten Frisur so schlimm aus, dass ich ohnehin am liebsten unsichtbar gewesen wäre. Ich wich allen Blicken aus, dachte nur noch an meine Verkäufe: Wenn die Umsätze stimmten, lächelte Simone wenigstens.

Eines Tages stieß ich auf meiner Tour durch die Botschaften in einer Métro-Station auf zwei Polizisten. Da mein Vater selbst bei der Polizei arbeitet, hatte ich schon oft mit Polizeibeamten geredet. Und so sprach ich sie an, trotz aller Warnungen von Simone.

»Guten Tag! Ich wüsste gern, warum man hier Leute einsperrt, die keine Papiere haben.« Die beiden Beamten sahen sich an und lachten. Dann gingen sie weiter. Was war an meiner Frage denn so lustig? Ich folgte ihnen mit dem Blick, bis sie am Ende des Ganges verschwanden.

Ich stieg in eine Métro, fuhr aber nicht zur nächsten Botschaft, sondern zu Simones Laden. Da stand sie.

»Du hast mir ja völligen Blödsinn erzählt! Ich habe zwei Polizisten gesehen, aber die haben nicht einmal dran gedacht, mich nach Papieren zu fragen. Das war denen total egal!«

Daraufhin packte mich Simone am Arm, zog mich aus

dem Laden und brachte mich nach Hause. Dort holte sie aus, um mich zu schlagen. Ich wich zurück und schrie.

»Wenn du mich schlägst, erzähle ich das meinem Vater. Ich weiß zwar nicht wie, aber ich erzähle es ihm.«

Sie erstarrte mit hoch erhobenem Arm. »Verschwinde aus meinen Augen, bevor ich meine Meinung ändere. Beeil dich und fahr zur nächsten Botschaft. Wenn du am Abend nicht alles verkauft hast, gibt es nichts zu essen.«

Und so nahm ich meine Tasche und machte mich wieder auf meine Tour. Bei der dritten Botschaft sprach ich leise eine Dame an. »Warum braucht man Papiere?«

»Weil du hier in einem fremden Land wohnst. Du brauchst ein Dokument, in dem steht, wer du bist und seit wann du dich hier aufhältst.«

»Ist das alles?«, fragte ich erstaunt. Ich verstand immer noch nicht, warum diese Papiere so wichtig waren.

Zu Hause rechnete ich mit Simone die verkauften Kleidungsstücke ab. Als wir fertig waren, sagte sie mir, dass die Frau angerufen habe, die ich über Papiere ausgefragt hatte. »Wenn ich dich auf Tour schicke, sollst du verkaufen, nicht plaudern. Was immer du mit den Leuten besprichst, erfahre ich. Warum hast du Fragen über Papiere gestellt?«

»Weil du mir erzählt hast, dass die Polizisten mich festnehmen würden. Und jetzt habe ich mich sogar mit ihnen unterhalten und sie haben mich nichts gefragt und mich nicht verhaftet. Von dir habe ich ja keine Erklärung bekommen.«

»Zum letzten Mal! Hör mir mit den Papieren auf! Du gehst dahin, wohin ich dich schicke und tust, was ich dir auftrage, Punkt. Hast du das verstanden?«

»Ja.«

Und für einige Zeit vergaß ich die Angelegenheit mit den Papieren tatsächlich. Simone hat nie mehr versucht, die

Hand gegen mich zu erheben; ich wusste, das verdankte ich meinem Vater. Stéphanie hatte weniger Glück und selbst Jo bekam hin und wieder Schläge ab.

Jo war kein schlechter Kerl, aber sehr willensschwach. Simone ließ ihn ganz nach ihrer Pfeife tanzen. Ich, die ich aus Afrika komme, wo die Männer die Hosen anhaben, konnte mich bei Jos Anblick gar nicht genug wundern. Was für ein Gegensatz zwischen Vater mit seinen vielen Freundinnen und Jo, der vollkommen unter Simones Fuchtel stand! Wenn Simone ihn mit Beleidigungen überschüttete, winselte er: »Ja, Sissi, ich weiß ja, dass du Recht hast ...«

Eines Abends – Jo und Simone saßen vor dem Fernseher und aßen, Stéphanie und ich arbeiteten in der Küche – fingen die beiden zu streiten an. Zuerst verstand ich nicht, was sie sagten, dann hörte ich Simone schreien.

»Dein Problem ist, dass du noch immer am Rockzipfel deiner Mutter hängst! Sie hat immer Recht, ich immer Unrecht!«

»Aber Sissi, Mama hat doch nur gesagt, dass ...«

Plötzlich drang ohrenbetäubender Radau aus dem Wohnzimmer, jemand hatte das Tablett mit dem Abendessen zu Boden geworfen. Simone packte Jo am Kragen, schleifte ihn durch den Gang, öffnete die Wohnungstür und stieß ihn auf den Treppenabsatz.

»Setz deine Füße nie wieder in diese Wohnung!«, brüllte sie und schlug die Tür zu.

Am nächsten Morgen rief Jo vom Haus seiner Mutter aus an: »Hallo, Sissi, Liebling ...«

Er flehte sie wirklich an, wieder zurückkommen zu dürfen. Mein Gott, war dieser Mensch blöd! Spätestens nach einer Woche würde Simone ihn wieder schlagen oder hinauswerfen.

Jo hatte wohl einen guten Kern, auch wenn ich seine Art

nicht ausstehen konnte, mich »die kleine Togolesin« zu nennen. Ich hatte den Eindruck, dass er in einer Falle gefangen war, genau wie ich. Was immer ihm seine Frau befahl, er gehorchte. Jeden Morgen fuhr er früh ins Geschäft, arbeitete dort den ganzen Tag, kam spät zurück, aß zu Abend, fläzte sich auf die Couch und sah fern, bis er müde war. Dann legte er sich in sein Einzelbett und stand früh am nächsten Morgen wieder auf. Er war wie ein Baby, völlig unselbständig. Und obwohl er oft unglücklich wirkte, konnte er ohne Simone anscheinend nicht auskommen.

In diesem Haushalt hatte Simone die Hosen an – und die Hand auf dem Geldbeutel. Jeden Abend, wenn Jo vor dem Fernseher versackte, rief Simone uns in ihr Zimmer. Dort saß sie dann im Nachthemd auf ihrem Bett, ein Kissen im Rücken. Stéphanie und ich standen vor ihr, unsere Hefte in der Hand.

»Zeig mir deines, Stéphanie. Was hast du heute verkauft?« Sie nahm das Heft und prüfte es. »Zähl, wie viele Kleidungsstücke übrig sind«, befahl sie, während sie mit dem Taschenrechner den Umsatz errechnete.

»Ich bekomme insgesamt viertausendfünfhundert Francs von dir«, verkündete sie schließlich. Dieser Umsatz (von etwa tausenddreihundert DM) entsprach ungefähr dem Durchschnitt, vor Festtagen konnten wir allerdings jeweils bis zu zehntausend Francs (dreitausend DM) pro Tag erzielen. Stéphanie überreichte ihr eine Hand voll Scheine und Schecks. Natürlich zählte Simone nach, aber einen Fehler gab es so gut wie nie. Und wenn doch, löste sich die Unklarheit schnell auf. Denn wir hatten solche Angst vor Simone, dass es uns überhaupt nicht in den Sinn kam, sie zu betrügen.

Nach Stéphanie war ich dran. Ich nahm die übrig gebliebenen Kleidungsstücke aus der Tasche und hängte sie an eine Stange. Dann überreichte ich Simone mein Heft, in das ich am Vortag die Beschreibung und den Preis der einzelnen Stücke notiert hatte. Auf die gegenüberliegende Seite schrieb ich den Namen der Käuferin und die Höhe der Anzahlung, falls es eine gab.

»Gut«, sagte Simone nur. Wenn wir viel Geld nach Hause brachten, war sie guter Laune.

Nach dem Rapport gingen Stéphanie und ich in unser Zimmer, räumten die unverkaufte Ware auf, wählten neue Kleidungsstücke aus, die wir den Kunden vorführen wollten, und zeigten Simone dann, was wir am nächsten Tag auf Tour mitnehmen würden. Sie nannte uns die Preise, die wir in unsere Hefte schrieben. Dann stellten wir die Taschen in die Diele, fertig gepackt für den folgenden Tag.

Danach öffnete ich Simones Kleiderschrank und sie wählte ihr Kostüm für den nächsten Tag.

»Dazu trage ich die braunen Schuhe. Was? Du hast sie nicht geputzt? Muss man dir denn alles sagen? Hast du immer noch nicht verstanden, wie das hier im Haus abläuft?« Während dieser Tirade hatte sie die Geldhaufen eingesammelt und einen Teil davon in ein Kuvert gesteckt.

»Das ist für Jehova«, erklärte sie und legte es auf ihr Nachtkästchen. »Danke, Jehova, für alles, was du uns gegeben hast!«

Es war elf Uhr abends, als Stéphanie endlich dazu kam abzuspülen und ich Wäsche waschen konnte. Später saugte sie Staub, ich bügelte. All diese Arbeiten mussten wir mitten in der Nacht erledigen, weil wir untertags praktisch nie Zeit dafür fanden.

Um ein, zwei Uhr morgens kamen wir endlich ins Bett.

Manchmal ging Simone auf Geschäftsreise, nach Togo, an die Elfenbeinküste oder sogar nach Kanada. Wir blieben mit Jo und Maoli allein, aber Simone warnte uns.

»Glaubt ja nicht, ihr könnt daheim bleiben und Däumchen drehen. Ich gebe euch tüchtig zu tun und nach meiner Rückkehr wird abgerechnet.«

Und tatsächlich änderte sich kaum etwas an unserer täglichen Routine. Hin und wieder traute Jo sich, ein, zwei Freunde zu sich einzuladen und ein Gläschen zu kippen, manchmal schickte uns seine Mutter fertig zubereitete Mahlzeiten, die uns das Kochen ersparten.

Eines Abends kam Jo zu uns in die Küche und lud uns ein, ins Wohnzimmer zu kommen und fernzusehen. Das hätte er nie gewagt, wenn Simone in der Nähe gewesen wäre.

Wir sahen uns einen Film an. Als er zu Ende war, standen wir auf, um in die Küche zurückzugehen. Da hielt uns Jo zurück. »Findet ihr mich nicht ziemlich bescheuert?«

Ich lachte laut auf, Stéphanie zögerte einen Moment und brach dann ebenfalls in schallendes Gelächter aus. Eine Sekunde lang sah Jo uns verständnislos an, dann prustete auch er los.

Ich konnte gar nicht mehr an mich halten und lief in unser Zimmer, gefolgt von Stéphanie, und gemeinsam brüllten wir vor Lachen, bis uns die Tränen kamen.

Am folgenden Tag lud Jo uns wieder ein, mit ihm fernzusehen. Während der Werbepause sagte er: »Hört mal zu, ich möchte euch etwas vorschlagen ... Ihr kennt ja Simone ... Also, wenn ihr mir helft, wenn sie mich schlägt, dann verteidige ich euch, wenn sie auf euch losgeht. Dann stände es drei gegen eine.«

Ich bemühte mich, ernst zu bleiben. »Warum verteidigen Sie sich nicht selbst, wenn sie Sie schlägt?«

»Aber ich kann nicht! Sie ist doch mein Baby!«

»Aber wenn sie Ihr Baby ist, warum wollen Sie dann, dass wir sie schlagen?«, fragte Stéphanie. Darauf gab er

82

keine Antwort. »Warum lassen Sie sich das eigentlich alles von ihr gefallen?«

»Ihr habt ja Recht. Wenn sie wiederkommt, rede ich mit ihr. Hier muss sich einiges ändern!«

Einige Tage später kehrte Simone von ihrer Reise zurück und eine Woche darauf kam es zum Streit. Stéphanie und ich saßen in der Küche und warteten mit dem Abräumen, bis die beiden sich wieder vertrügen. »Jetzt werden wir sehen, ob er Rückgrat hat!«, flüsterte ich.

Sehr schnell wurde Simone laut, dann hörten wir auch Jos Gewinsel. »Einverstanden, Sissi, einverstanden, aber ...«

»Was heißt hier aber? Raus mit dir, du gehst mir auf die Nerven, ich will dich nie wiedersehen!«

Verstohlen kicherten wir.

»Leise, denk an die Mädchen in der Küche!«

»Die Mädchen sind mir Wurst! Verzieh dich!«

»Nein, hör auf! Sissi, hör auf!«

Sie zerrte ihn in den Gang; sie standen jetzt ganz in unserer Nähe, direkt an der Eingangstür. Stéphanie und ich hielten uns die Seiten vor Lachen – wagten aber nicht, laut loszuprusten.

»Raus mit dir, ich will dich nie wiedersehen!«

»Meinetwegen, Sissi, ich gehe, aber ich warne dich: Die Mädchen nehme ich mit!«

Da konnte ich mich nicht mehr zurückhalten, ich platzte schier vor Lachen.

»Ich kann nicht mehr!«, stöhnte ich und prustete los. Da gab es für Stéphanie auch kein Halten mehr und zu zweit brüllten wir vor Lachen.

»Wenn ich gehe, nehme ich die Mädchen mit«, drohte er mit seiner Kleinkindstimme. Und tatsächlich hätte sich ein dreijähriges Kind nicht so jämmerlich verteidigt wie er. Er wusste genau, dass sie uns niemals würde ziehen lassen. Wenn eine von uns es wagen sollte, über die Schwelle zu treten, würde Simone uns eins über den Schädel ziehen.

Plötzlich riss sie die Küchentür weit auf. »Was habt ihr zwei denn da zu lachen?« Hinter ihr sahen wir Jo, verlegen stand er da, schwitzte wie ein Schwein und zog mit einer Hand den Hosenbund hoch.

Da brachen in uns alle Dämme, Stéphanie kippte von ihrem Schemel, ich lachte Tränen. Simone drehte sich zu ihrem Mann um – und brach ebenfalls in brüllendes Gelächter aus. »Jo, du bist wirklich ein armseliger Idiot. Ein armseliger Idiot!« Endlich durften wir befreit lachen und wir lachten und lachten, bis wir Bauchweh bekamen.

Doch Jo gab noch nicht auf, er kam in die Küche und ergriff Stéphanie und mich bei der Hand.

»Kommt, Mädels, wir gehen!«

Simone lachte und lachte, sie kriegte sich gar nicht mehr ein. Da ließ Jo uns los.

»Sieh dir nur an, wie gemein die zwei sind!« Er flüchtete sich wie ein Hase in ein Zimmer und sperrte sich ein, damit Simone ihn nicht rauswarf. Sie folgte ihm.

»Jo, mach die Tür auf!«

»Nur, wenn du mir versprichst, mich nicht hinauszuwerfen, Schatz.«

»Mach jetzt die Tür auf oder ich verspreche dir, dass ich dich hinauswerfe!«

Da öffnete er die Tür. Simone befahl uns abzuräumen. Die Show-Einlage war beendet.

Später kam Jo zu uns in die Küche. Versammlung der Sklaven.

»Siehst du, nur wegen uns hat sie dich nicht vor die Tür gesetzt. Das nächste Mal musst du uns beistehen ...«

Und er hielt Wort; als Simone eines Tages Stéphanie schlagen wollte, mischte sich Jo zum ersten Mal ein.

»Hör auf, sie zu schlagen, Sissi. Du kannst sie anbrüllen, aber hör auf, sie zu schlagen ...«

Trotz all unserer Sorgen konnten wir also hin und wieder lachen. Es war tröstlich zu sehen, dass wir nicht die einzigen waren, die litten. Jo war nun wirklich nicht zu beneiden.

Ich hatte etwa fünf Monate bei Simone verbracht, als eines Nachmittags – ich war mit Maoli allein zu Haus – eine Frau anrief. Ich verstand ihren Namen nicht, weil sie mit starkem Akzent sprach.

»Hallo? Wollen Sie mit Simone reden?«, fragte ich.

»Nein«, antwortete die Frau, »ich will mit meiner Tochter sprechen.«

»Mit Ihrer Tochter? Tut mir Leid, da müssen Sie sich verwählt haben«, sagte ich und legte auf.

Doch das Telefon klingelte sofort wieder. Es war die gleiche Frau, sie versicherte mir, dass sie nicht falsch verbunden sei.

»Ich bin Maolis Mutter. Kann ich Maoli sprechen?«

Es verschlug mir für einen Moment die Sprache. »Aber Simone ist Maolis Mutter!«

»Nein, nein, ich bin es!«

Ich beschloss, den Hörer nicht an Maoli weiterzugeben. Die Geschichte, die mir diese Frau da aufgetischt hatte, schien völlig unglaubwürdig. Ich hielt das alles für einen schlechten Scherz und legte auf.

Als Simone heimkam, erzählte ich ihr die Geschichte. »Vorhin hat eine Dame angerufen. Es war ganz merkwürdig; sie hat behauptet, Maolis Mutter zu sein, und wollte sie sprechen. Sie sprach mit starkem Akzent.«

»Hast du ihr Maoli gegeben?«

»Nein.«

»Gut gemacht. Das war eine Verrückte.«

»Wie?«

»Eine Amerikanerin. Lass sie vor allem niemals mit Maoli sprechen. Ist das klar?«

Einige Zeit später war ich an einem Nachmittag allein zu Haus, als die Dame wieder anrief.

»Legen Sie nicht auf«, flehte sie mich an, »ich bin Maolis Mutter.«

»Das müssen Sie mir schon erklären, denn meines Erachtens ist Simone Maolis Mutter.«

»Ich bin Amerikanerin und war mit Simones Bruder verheiratet, ließ mich aber vor ein paar Jahren von ihm scheiden. Maoli ist meine Tochter.«

»Das kann ich nicht glauben.«

»Als ich die Scheidung einreichte, hat Simones Bruder mir Maoli einfach entzogen. Aber heute habe ich den Prozess gewonnen, mir steht jetzt das Recht zu, meine Tochter zu besuchen.«

Ich zögerte. In meinen Augen war Maoli immer Simones Kind gewesen. Andererseits lag der Dame offensichtlich viel daran, Maoli zu sprechen. Und warum sollte sie sich so eine Geschichte ausdenken? Vielleicht stellte sie aber alles verzerrt dar? Wie sollte ich wissen, ob sie ihr Kind nicht freiwillig weggegeben hatte und jetzt zu Unrecht zurückverlangte? In diesem Fall hätte sie andererseits aber eine zweite Chance verdient ...

»Hören Sie zu, Maoli ist noch nicht zu Hause, ich hole sie jetzt von der Schule ab. Rufen Sie morgen um fünf Uhr nachmittags noch einmal an, wenn ich abnehme, gebe ich den Hörer an Maoli weiter.«

Dann holte ich Maoli von der Schule ab; als wir nebeneinander gingen, sah ich sie verstohlen an, wusste nicht, wie ich das Gespräch anfangen sollte. Erstens zweifelte ich daran, dass ich überhaupt eine Antwort bekommen würde, zweitens fürchtete ich, Maoli könnte alles brühwarm weitererzählen.

Endlich raffte ich mich auf. »Maoli, hast du eine zweite Mutter?«

Schweigen.

»Ich frage dich, weil da eine Dame angerufen hat, zwei Mal schon. Sie spricht nur schlecht Französisch und behauptet, deine Mutter zu sein.«

»Ja.«

»Und? Willst du mit ihr sprechen?«

»Nein.«

Wir überquerten die Straße und setzten unseren Weg fort.

»Und wenn ich Simone nichts davon erzähle?«

Lange schwieg sie und murmelte dann: »Dann ja. Versprichst du mir, dass du Simone nichts verrätst?«

»Versprochen. Und du sagst deiner Mutter, äh, Simone, auch kein Wort?«

»Simone ist nicht meine Mutter.«

Da war ich mir fast sicher, dass Maoli mich nicht verpetzen würde. Pünktlich um fünf rief am nächsten Tag die Amerikanerin an. Ich erkannte ihre Stimme sofort. »Moment, ich hole Maoli an den Apparat.«

Die Kleine nahm den Hörer. »Mama, bist du es?«

Dann fing sie an zu weinen. Sie, die sich immer so hart und verschlossen gegeben hatte, heulte nun herzzerreißend. Die beiden sprachen lange miteinander, ich bekam allerdings nur Maolis Antworten mit: »Ja ... ja ... ja ...«, dann: »Natürlich will ich dich sehen«, schließlich: »Rufst du wieder an?«

Maoli reichte mir den Hörer weiter.

»Ich würde gerne öfter mit meiner Tochter reden«, sagte die Amerikanerin zu mir. »Ich bemühe mich um die Erlaubnis, sie nach Amerika zu holen.«

»Niemand hat das Recht, ein kleines Mädchen von seiner Mutter zu trennen!«, versicherte ich der Dame. »Wenn ich den Hörer abnehme, hole ich Maoli an den Apparat.«

Dann legte ich auf. Maoli strahlte. »Das war meine Mutter! Sie ruft mich wieder an!« Nie habe ich ihre Augen so strahlen sehen. Selbst wenn Simone alles erfahren sollte: Ich hatte die richtige Entscheidung getroffen!

Dennoch bekam ich Angst, als Simone zurückkam. Zum Glück hat Maoli sich nicht verraten. Trotzdem war ich die ganze Woche lang nervös, wenn die beiden allein waren. Maoli konnte sich jederzeit verplappern, sie war durchaus fähig, im Zorn oder aus lauter Freude alles auszuplaudern. Doch sie verriet keinen Pieps. Da verstand ich, dass diese Angelegenheit sie schon seit langem beschäftigte. Sie wusste, dass Simone nicht ihre leibliche Mutter war, wusste andererseits aber nichts über ihre wirkliche Mutter. Und Simone konnte sie natürlich nicht fragen.

An manchen Tagen rief die Amerikanerin an, bekam aber nur Simone an den Apparat. Die knallte dann erbost den Hörer auf die Gabel. »Diese Hexe hat schon wieder angerufen!«

»Welche Hexe?«

»Dieses Weibsstück!«

»Warum nennst du sie eine Hexe? Kennst du sie etwa?«

»Ach, lass mich doch mit deinen ewigen Fragen in Ruhe!«

Ich hatte der Amerikanerin genaue Anweisungen gegeben; der beste Zeitpunkt war um kurz vor fünf Uhr, wenn Maoli – meist mit mir – von der Schule heimkam. So konnten die beiden regelmäßig miteinander reden.

Eines Tages brachte mir Maoli zum ersten Mal eine schöne Zeichnung aus der Schule mit.

»Nimm!«, sagte sie. »Ich habe sie für dich gemacht!«

In einer Ecke des Bildes stand jemand, in der gegenüberliegenden lag ein Haufen aus Büchern und Taschen. Maoli hatte das Bild signiert: »Maoli, für Henriette«. Ich war sehr gerührt, dankte ihr und verstaute das Bild in meinem Schrankfach.

Doch Simone durchsuchte von Zeit zu Zeit unsere Sachen und wunderte sich sehr, das Bild bei mir zu finden.

»Seit wann schenkt Maoli dir Bilder?«

»Seit vorgestern.«

»Was verschafft dir die Ehre? Schenkt sie mir etwa welche?«, fragte Simone und nahm das Bild mit.

»Du bringst mir besser keine Bilder mehr; Simone ärgert sich darüber«, sagte ich abends zu Maoli.

»Wo ist das Bild, das ich dir geschenkt habe?«

»Sie hat es mir weggenommen.«

Da ging Maoli zu Simone.

»Gib es ihr zurück! Ich habe es für sie gemalt!«, verlangte sie.

Anfangs weigerte sich Simone, doch Maoli wich keinen Millimeter. Schließlich rückte Simone das Bild heraus. Maoli nahm es und gab es mir zurück, vor Simones Augen.

In der darauf folgenden Woche verkündete Simone, dass ich mich künftig nicht mehr um Maoli kümmern würde, Stéphanie würde sie zur Schule und wieder nach Hause bringen. Doch Maoli widersetzte sich: Sie sperrte sich morgens in ihrem Zimmer ein, weigerte sich, aus dem Haus zu gehen, und musste buchstäblich in die Schule gezerrt werden. Schließlich gab Simone nach.

Wenn Simone mir gegenüber patzig wurde, sprang mir Maoli zur Seite.

»Lass sie in Ruhe, du bist gemein!«

Das half; bald mäßigte sich Simone im Ton – sogar wenn Maoli nicht in der Nähe war.

Die Kleine verwandelte sich unter meinen Augen, sie lächelte oft, redete immer mehr, selbst mit Stéphanie. Abends hörten wir sie in ihrem Zimmer vor sich hin singen; wenn sie vor dem Fernseher saß, begleitete sie das Geschehen mit lauten Kommentaren. Eines Nachts, als die Kleine schon schlief, fragte ich Stéphanie: »Hast du eigentlich gewusst, dass Maoli nicht Simones Kind ist?«

»Nein. Ich hatte zwar auch schon die Amerikanerin am Telefon, aber ich habe ihre Geschichte nicht geglaubt.«

»Aber du bist doch schon zehn Jahre hier, Maoli ist erst acht. Du hast sie also kommen sehen.«

»Ja.«

»Wie alt war sie damals?«

»Vielleicht ein Jahr.«

»Wie konntest du dann glauben, dass sie Simones Kind war?«

»Was soll ich sagen? Simone ist nach Togo gefahren, und als sie zurückkam, war die Kleine bei ihr.«

»Du hast keine Ahnung, wie man ein Kind bekommt, was? Dafür muss man zuerst schwanger sein.«

»Kann schon sein. Auf jeden Fall brachte sie plötzlich ein Baby mit, mehr weiß ich nicht. Es war ja auch ein ganz kleines Baby.«

Ich seufzte genervt. »Ich glaube es dir ja! Aber jetzt verstehe ich auch, warum du all die Jahre nicht zu fliehen versucht hast.«

Stéphanie richtete sich auf. »Und du, die ständig darüber redet, kommst du vielleicht weg von hier?«

Sie hatte ja Recht, ich konnte ihr nicht verübeln, dass sie zornig war. Trotzdem freute ich mich fast, sie so erregt zu sehen. Früher war sie mir wie ein Zombie vorgekommen, eine lebendige Tote, doch allmählich begann sie, immer stärker auf ihre Umwelt zu reagieren, sie lächelte öfter.

An manchen Samstagen schickte Simone uns zu zweit auf Verkaufstour zu Kunden, die weit weg wohnten und zu denen wir ein großes Sortiment mitnehmen mussten. An solchen Tagen konnten wir uns eine Zeit lang ungestört unterhalten, in der Métro oder auf einer Bank. Dann schmiedete ich pausenlos Pläne.

»Wenn eines Tages mein Vater nach Frankreich kommt, und er war beruflich schon einmal hier, dann sieht er, wie wir behandelt werden, und holt mich zurück nach Togo. Willst du mit mir kommen?«

Stéphanie seufzte resigniert. »Träum weiter! Du wirst nie nach Togo zurückkehren. Mir ist es am Anfang genauso gegangen, ich war voller Hoffnung. Aber ich glaube schon längst nicht mehr an Rettung.«

Auch nachts träumte ich oft – ausgerechnet von Gisèle und Charles, die ich nach ihrem Tod immer im Traum wiederzusehen gehofft hatte. Gemeinsam gingen wir über die schwankende Brücke in Sokodé, die beiden hatten die andere Seite schon fast erreicht, doch ich traute mich nicht, ihnen zu folgen. Manchmal träumte ich auch, sie wären in Frankreich und würden auf einer Rolltreppe fahren. Sie fuhren nach oben, ich nach unten. Ich erkannte sie, aber zu spät: Sie waren bereits in der Menge verschwunden. Oder sie standen am gegenüberliegenden Bahnsteig; ich lief zu ihnen hinüber, doch bis ich angekommen war, waren sie verschwunden. Nie konnte ich sie umarmen oder mit ihnen sprechen.

Maoli hat es schließlich geschafft, den Ozean zu überqueren und ihre wahre Mutter zu besuchen. Etwa einen Monat nach dem ersten Anruf der Amerikanerin erhielten

Jo und Simone ein offizielles Schreiben, in dem sie aufgefordert wurden, Maoli für zwei Wochen in die USA fliegen zu lassen. Da blieb ihnen nichts anderes mehr übrig.

Simone begleitete Maoli nach Amerika. Der Bericht nach ihrer Rückkehr war hasserfüllt. »Für Maoli hat die Amerikanerin ein riesiges Zimmer vorbereitet, mit einem Spiegelschrank und schönen Vorhängen. Mich hat sie völlig ignoriert. Nach allem, was ich für die Kleine getan habe!«

Dabei war Simone nie mit Maoli zurechtgekommen und hat sie wahrscheinlich auch nicht wirklich geliebt! Vielleicht war sie als Strafe für ihre Bösartigkeit immer kinderlos geblieben? Diese Gedanken sprach ich natürlich nicht aus. »Das ist doch normal, schließlich ist sie ihre Mutter«, sagte ich stattdessen.

»Hältst du etwa zu ihr? Raus aus meinem Zimmer!«, schrie Simone.

Zwei Stunden später rief sie mich zu sich.

»Ich gehe jetzt eine Tapete kaufen, dann renovieren wir Maolis Zimmer von oben bis unten. Räum du alle Kleider, den ganzen Krempel aus dem Zimmer, während ich die Handwerker anrufe.«

Ich verbrachte zwei volle Tage damit, alle Schränke und das Zimmer auszuräumen und zu putzen. Dann kamen die Handwerker und nahmen Maß. Sie rissen im Wohnzimmer eine Wand ein, bauten einen Wandschrank und schufen damit mehr Platz in unserem Zimmer.

Als Maoli zurückkam, waren die Arbeiten noch nicht beendet. Maoli war ganz hingerissen von ihrem Urlaub und erzählte begeistert, dass sie mit ihrer Mutter sogar den Grand Canyon besichtigt habe. Dann packte sie ihren Koffer aus, in dem lauter Krimskrams steckte. Maoli machte sich an die Verteilung. »Henriette, willst du diesen Ring? Da, nimm ihn!«

Doch leider passte er nicht auf meine dicken Finger. Als Nächstes hielt sie mir ein Paar Shorts hin.

»Die hat mir Mama für dich mitgegeben.«

Während dieser Zeremonie sagte Simone kein Wort, doch später durchsuchte sie meine Sachen und nahm mir die Shorts wieder weg. Ich brachte es nicht übers Herz, Maoli davon zu erzählen. Doch eines Tages, es war Samstag, machten wir uns gerade fertig, um gemeinsam auszugehen.

»Warum ziehst du nicht die Shorts an, die ich dir aus Colorado mitgebracht habe?«, fragte Maoli.

Ich gestand ihr, dass ich sie nicht mehr hatte.

»Dann hat Stéphanie sie dir geklaut?«

»Nein, schau doch in ihrem Schrankfach nach. Stéphanie hat sie nicht.«

»Dann bitte ich Simone einfach, dir neue zu kaufen.«

Und wirklich: Zum ersten Mal musste Simone mir ein neues Kleidungsstück schenken, nicht eines, das drei Mal durch alle Botschaften gewandert und offensichtlich nicht zu verkaufen war. Jo, der Maoli sehr gern hatte, stellte ihr oft Fragen über ihre Reise.

»Erzähl doch, wie war New York?«

Simone versuchte dann, das Thema zu wechseln.

»Maoli, hast du deine Hausaufgaben gemacht? Willst du noch Suppe? Oder sollen wir zu McDonald's gehen?«

Wenn die Amerikanerin anrief, blieb Simone allerdings nichts anderes übrig, als Maoli ans Telefon zu holen. Doch sie schaltete den Lautsprecher an und blieb direkt neben Maoli stehen, um kein Wort von der Unterhaltung zu verpassen. Eines Tages platzte Maoli der Kragen.

»Würdest du bitte das Zimmer verlassen, ich will mit meiner Mutter sprechen.«

Das war zu viel für Simone; mit Tränen in den Augen schlich sie aus dem Raum.

Als die Ferien näher rückten, erkundigte sich Simone: »Maoli, willst du bei uns bleiben oder nach Amerika fliegen?«

»Ich will nach Amerika.«

»Dabei wollte ich dich nach Afrika mitnehmen, zu deiner Großmutter.«

»Ich will aber meine Mutter besuchen!«

Zornbebend wandte Simone sich an mich.

»Siehst du, Henriette, man kann es Maoli nie recht machen! Und das nach allem, was ich für sie getan habe!«

Stéphanie und ich klapperten weiter Botschaften ab: Elfenbeinküste, Mauritius, Djibouti. Senegal, Zaire, Tschad. Einmal halfen wir beide Simone dabei, einen Stand in der Eingangshalle der Unesco zu errichten – für eine Ausstellung von afrikanischem Kunsthandwerk. Wir fuhren zum Flughafen, holten eine Sendung mit Kleidungsstücken ab, die Simone bestellt hatte, und verkauften sie in der Unesco.

Monate vergingen, doch von meiner Einschreibung in die Schule war keine Rede mehr.

»Gibt es immer noch keine Antwort von der Schule?«

»Nein, noch nicht.«

Eines Tages fragte ich im Laden Jos Mutter.

»Wie lange dauert es, bis man in die Schule gehen kann?«

»Man schreibt sich einfach ein. Das ist alles.«

»Muss man nicht auf den Beginn des nächsten Schuljahrs warten?«

»Nein, man kann jederzeit einsteigen. Dann muss man allerdings hart arbeiten, um den Vorsprung der anderen Schüler aufzuholen.«

Am Abend sprudelte es dann aus mir heraus. »Simone, ich habe erfahren, dass man auch während des Schuljahrs mit dem Unterricht beginnen kann.«

»Wer hat das behauptet?«

Da Simone mir verboten hatte, mit Jos Mutter zu reden, wich ich aus. »Irgendjemand.«

»Irgendjemand!«, schrie Simone. »Du sollst nicht mit Unbekannten reden! Hier sind die Leute schlecht, sie werden dich anzeigen, verkaufen, dir den Kopf abschneiden. Und außerdem bin ich eine Tochter Jehovas! Egal, mit wem du redest, ich erfahre es von Jehova.« Schließlich bekam ich es doch mit der Angst zu tun. »Es war Jos Mutter.«

Seit diesem Augenblick hat mich Simone nie wieder in den Laden geschickt, ich musste jeden Tag auf Tour durch die Botschaften gehen. Tagein, tagaus schleppte ich die schwere Tasche durch Paris. Allmählich überwältigte mich die Erschöpfung und meine einzige Hoffnung – in die Schule zu gehen – rückte in immer weitere Ferne. Verzweifelt entschied ich, mich mit Simone anzulegen.

»Ich gehe nicht mehr ins Geschäft oder auf Botschaftstour, bis ich die Schule besuchen darf.«

»Jetzt hab ich aber genug von dir! Wenn das so ist, schicke ich dich nach Hause.«

»Wunderbar.«

»Ich rufe deine Eltern an.«

Das tat sie, redete einige Minuten mit meinem Vater und gab mir dann den Hörer weiter.

»Was höre ich da?«, schimpfte er. »Du gehorchst nicht? Du bist bockig und gehst nicht einmal in die Schule?«

»Nein, das tue ich nicht. Simone lässt mich nicht.«

»Ach, von wegen! Du tust doch nur, was dir passt!«

Mein Vater weigerte sich, mir zu glauben, und bezichtigte mich sogar der Lüge. Ich war erschüttert. Simone frohlockte, sie hatte sogar den Finger von der Gabel genommen. Es bestand keine Notwendigkeit, dieses Gespräch zu unterbrechen. Sie hatte Vater einfach eine Lügengeschichte aufgetischt und er hatte sie geschluckt. Ich fing an zu weinen. Simone nahm den Hörer, ich verließ das Zimmer. Ich wusste nicht mehr, was ich tun sollte – mein eigener Vater hatte sich geweigert, mir zuzuhören.

Doch dann drehte ich mich plötzlich um und entwand Simone den Hörer: »Ich will mit meiner Mutter sprechen.«

Simone fing an zu keifen. »Da seht ihr, wie sie sich aufführt. Sie gehorcht nicht und erweist mir keinen Respekt.«

Nun donnerte mein Vater los. »Henriette, von Heimkommen kann jetzt keine Rede sein. Du bleibst in Paris und du gehorchst!«

Ich war in die Falle gelaufen, die Simone mir gestellt hatte. Zufrieden legte sie auf.

»Du wolltest mit deinem Vater reden; diese Chance hast du gehabt. Und jetzt marsch an die Arbeit!«

Ich rührte keinen Finger mehr. Wenn sie mir etwas befahl, weigerte ich mich oder blieb einfach stumm sitzen. Das ging zwei Tage lang so, dann sagte Simone: »Zieh dich an. Ich gehe jetzt mit dir einige Sachen kaufen, dann schicke ich dich zurück nach Togo.«

Ich ließ mich von ihr in Schuhe und eine Jacke stecken, dann fuhren wir ins fünfzehnte Arrondissement. Am Ende der ziemlich langen Reise nahmen wir einen Aufzug in den siebzehnten Stock eines Wohnhauses. Auf Simones Klingeln öffnete eine schwangere Frau, die ich kaum wahrnahm.

»Fabiola, die hab ich dir mitgebracht, damit sie dir im Haushalt hilft. Schick sie mir um halb fünf zurück«, sagte Simone und ging.

Ich blieb wie versteinert auf dem Treppenabsatz stehen.

»Kommst du rein?«, fragte die Frau und führte mich ins

Wohnzimmer, nicht in die Küche. »Setz dich doch! Du bist also Simones Nichte?« Ich nickte. Ohne weiteren Kommentar führte sie mich in die Küche und sagte: »Es ist viel zu bügeln. Hier hast du das Bügeleisen.«

Ich bügelte bis vier Uhr, die Augen immer auf die Arbeit gerichtet.

»Das genügt jetzt. Sissi erwartet dich.«

»Auf Wiedersehen, Madame!«

Sobald ich wieder in der Porte Dorée war, suchte ich Simone in ihrem Zimmer auf.

»Wo sind meine Kleider? Du hast gesagt, dass wir für meine Heimfahrt Kleider kaufen würden.«

Keine Antwort.

Nach dem Abendessen teilte mir Simone knapp mit: »Morgen gehst du wieder zu Fabiola. Sie kann jeden Moment niederkommen und braucht jetzt deine Hilfe. Sobald sie ihr Kind geboren hat, kannst du heimfahren.«

Also fuhr ich am nächsten Tag zu Fabiola. Ich kochte, putzte, kaufte ein, vor allem die schweren Lebensmittel wie Milch oder Wasser. Eine Woche lang ging das so. Dann, am Samstag, war Fabiola nicht da; statt ihrer passte der Hausmeister auf die zwei Kinder auf.

»Wo ist sie?«, fragte ich.

»Madame Calmar ist im Krankenhaus«, sagte der Hausmeister und ging in sein Kabuff zurück. Ich blieb mit dem fünfjährigen Valentin und der dreijährigen Clémence allein. Es wurde vier Uhr, sechs, sieben. Ich hätte schon längst gehen müssen, konnte aber die Kinder nicht allein lassen. Um sieben rief Simone an. »Warum bist du nicht heimgekommen, um zu kochen?«

»Fabiola liegt im Krankenhaus, ich bin allein mit den Kindern.«

»Das interessiert mich einen Dreck! Komm heim!«

Genau in der Sekunde, als ich den Hörer auflegte, klingelte das Telefon wieder. Es war Fabiola.

»Wenn Simone anruft, sag ihr, dass ich auf der Entbindungsstation liege und du bei uns bleiben musst.«

»Sie hat mir aber befohlen heimzukommen.«

»Rühr dich nicht von der Stelle! Ich sage ihr selbst Bescheid.«

Und so bereitete ich den Kindern ein Abendessen und brachte sie zu Bett. Später kam Fabiolas Mann François. Bei dieser Gelegenheit sah ich ihn zum ersten Mal, bisher war ich ja immer schon am Nachmittag gegangen. Sein Haar war halb ergraut, er war groß und hielt sich schlecht. Sein dunkler Anzug roch nach Tabak. Hastig stopfte er das Abendessen in sich hinein, dann verschwand er in seinem Zimmer.

Ich legte mich im Kinderzimmer schlafen, so gut es eben ging. Am nächsten Morgen klingelte es um sieben an der Tür. Ich öffnete. Es war Simone.

»Du kommst jetzt mit mir!«, befahl sie und packte mich am Ärmel. In diesem Moment kam Fabiolas Mann aus seinem Zimmer.

»Nichts da! Sie bleibt hier!« Er fasste mich am anderen Ärmel.

»Kommt nicht in Frage! Sie gehört mir, ich habe sie mir aus Afrika geholt!«

»Sie wird das Haus nicht verlassen!«

Beide zogen an mir wie an einem Möbelstück, um das man sich streitet. Ich wurde natürlich nicht gefragt. Zuerst war ich nur erstaunt, dann bekam ich Angst und fing an zu weinen.

Am Ende behielt François mich, weil er stärker war als Simone. Er knallte ihr die Türe vor der Nase zu, sie hämmerte von draußen dagegen und klingelte Sturm.

»Machen Sie auf, machen Sie die Tür auf! Geben Sie sie mir zurück!«, brüllte sie.

»Verschwinden Sie auf der Stelle oder ich rufe die Polizei!«

Da erst gab Simone auf und ging. Ich habe sie nie wiedergesehen.

François drehte sich zu mir um. »Mach dich wieder an die Arbeit.«

Wenig später fuhr er ins Büro.

Und ich blieb bei den Calmars.

Am dritten Tag wurde Fabiola aus dem Krankenhaus entlassen. Ihr Mann trug das Baby, ich nahm ihren Koffer und folgte ihnen in ihr Zimmer.

Dort legte sich Fabiola ins Bett. Ihre mittellangen Locken waren hinten zusammengebunden, ihre Haut war merkwürdig grau, vielleicht wegen der Erschöpfung.

»Henriette, ich habe Simone viel Geld gezahlt, damit sie mir ein Mädchen aus Togo mitbringt. Weil sie aber nie geliefert hat, nehme ich jetzt dich als Ersatz.« Das waren die ersten Worte, die sie sprach, seit sie aus dem Krankenhaus entlassen worden war. Ich antwortete nicht, weil ich gar nicht verstanden hatte, wovon sie redete.

Fabiola schlief bis zum Abend; ich holte Valentin von der Schule und Clémence vom Kindergarten ab. Am nächsten Morgen kam François' Mutter vorbei. Sie war sehr freundlich zu mir.

»Wie alt bist du denn? Du scheinst mir ja noch sehr jung!«

»Sechzehn.«

»Du siehst jünger aus. Und deine Eltern? Wo ist denn deine Familie?«

Dann kam Catherine, François' Schwester. Ich stand gerade in der Küche und gab den Kleinen Ananaspfannkuchen zu essen, die ich selbst gemacht hatte.

»Mmh, riecht das köstlich«, schwärmte Catherine und nahm sich ein Stück. »Wer hat dir beigebracht, so gut zu kochen? Dass du in deinem Alter überhaupt schon kochen kannst!«

»In Afrika kommt das ganz automatisch, weil wir oft mit unserer Mutter in der Küche stehen.«

Fabiola kam erst aus ihrem Zimmer, als Catherine und François' Mutter gegangen waren. Sie rief mich ins Wohnzimmer. Unter der gerunzelten Stirn traten ihre großen, schwarzen Augen hervor wie zwei Tischtennisbälle und beim Sprechen warfen sich ihre Lippen ein wenig auf, so dass ihr Mund verzerrt wirkte.

»Du kochst, machst die Wäsche, putzt, holst die Kinder ab. Und du bleibst in der Küche. Ins Wohnzimmer kommst du nur, wenn ich dich rufe. Du rührst nichts ohne meine Erlaubnis an, du isst nur, was ich dir gebe. Ist das klar?«

»Ja.«

Ging das schon wieder los! Alles schien sich zu wiederholen, bei Leuten, die ich vor einer Woche noch nicht gekannt hatte. Jetzt, sagte ich mir, bin ich endgültig verloren. Ich musste an Stéphanie denken, die mich gewarnt hatte. »Träum weiter! Du wirst nie nach Togo zurückkehren.« Die dumme Stéphanie. Stéphanie, die zehn Jahre in Frankreich gewesen war und nie versucht hatte zu entkommen. Doch allmählich glaubte ich, dass sie Recht hatte: Es gab kein Entrinnen.

Fabiola zog sich in ihr Zimmer zurück.

Sobald ich eine freie Minute hatte, ging ich ins Bad, um meine Kleidung zu waschen. Denn ich hatte mich seit drei, vier Tagen nicht mehr umgezogen – meine gesamte Garderobe war ja bei Simone geblieben. Ich wusch mein Oberteil, wrang es aus und legte es über die Heizung zum Trocknen.

Ungeduldig hämmerte Fabiola an die Badezimmertür: »Was treibst du da drin?«

»Ich habe meine Sachen gewaschen und warte jetzt, bis sie trocken sind.«

Daraufhin verschwand sie kurz in ihrem Zimmer und kam mit drei alten, völlig ausgebleichten T-Shirts und zwei Trainingshosen zurück, die sie mir gab. Nachdem ich mich angezogen hatte, sagte sie: »Deine Kleidung wäschst du einfach in der Waschmaschine – aber getrennt von unseren Sachen!«

Später ging sie zum Supermarkt, während ich auf die kleine Alice aufpasste. Dort kaufte Fabiola Besteck, einen Teller aus Hartplastik und ein Glas für mich.

»Da, nimm! Du wirst in der Küche essen.«

Außerdem hatte sie noch eine Packung Cornflakes gekauft.

»Das ist für dich, fürs Frühstück. Teil es dir aber gut ein, es muss für einen Monat reichen. Mehr gibt's nicht.«

Die Nächte verbrachte ich im Kinderzimmer, einem winzigen Raum ohne Fenster. Fabiola nannte ihn »die Bibliothek«, weil François dort seine Bücher abstellte. Dort schlief ich auf einer Matratze, die auf dem nackten Boden lag – doch verglichen mit den zwei Decken, auf denen ich bei Simone schlafen musste, stellte das eine enorme Verbesserung dar. Daneben stand Alices Kinderbettchen; wenn sie in der Nacht schrie, wechselte ich die Windeln, gab ihr zu trinken und versuchte sie zu beruhigen.

Das war das erste Mal, dass ich mich um einen Säugling kümmerte. Ratschläge oder Hilfe von Fabiola durfte ich nicht erwarten, so viel war klar. Also musste ich improvisieren. Einmal kam sie ins Zimmer, als ich das Baby badete, und sah mir über die Schulter.

»Das ist mir nie so gut gelungen. Wo hast du das gelernt?«

»Ich habe gesehen, wie meine Mutter den Säugling meiner ältesten Schwester wusch.«

Nach dieser Episode kümmerte sich Fabiola überhaupt nicht mehr um das Kind, Alice verbrachte ihre gesamte Zeit mit mir und erkannte nach einiger Zeit ihre eigene Mutter nicht mehr. Wenn Fabiola sie in den Arm nehmen wollte, fing die Kleine zu brüllen an.

»Was hast du mit ihr angestellt? Sie mag mich nicht mehr«, herrschte Fabiola mich dann an.

»Nichts Besonderes«, erwiderte ich.

Jeder Tag bei den Calmars verläuft gleich: Morgens stehe ich um drei viertel sechs auf und richte die Kleidung für die drei Kinder her. Dann gehe ich in die Küche, bereite das Fläschchen für Alice vor und richte das Frühstück für die Erwachsenen. Valentin isst Cornflakes, Clémence Honigbrote. Ich decke den Tisch im Esszimmer und wärme die Milch.

Dann wecke ich Valentin und Clémence, ziehe sie an, setze sie an den Tisch und bediene sie. Kaum haben sie zu essen angefangen, brüllt meistens Alice in ihrem Bettchen los. Während ich ihr das Fläschchen gebe, kommen ständig die beiden anderen Kinder ins Zimmer und petzen.

»Valentin hat mich geschlagen!«

»Nein, sie hat angefangen!«

Um sie ruhig zu stellen, parke ich sie vor dem Fernseher, in dem Zeichentrickserien laufen. Sobald Alice ausgetrunken hat, schlummert sie wieder ein und ich kann mich darum kümmern, dass ihre Geschwister ordentlich angezogen aus dem Haus gehen.

»Habt ihr eure Handschuhe? Wo ist dein Schal? Zieh dir einen Mantel an!«

Dann laufen sie ins Elternschlafzimmer, um sich zu verabschieden.

»Henriette, kümmere dich um sie! Ich schlafe noch«, ruft Fabiola manchmal.

Danach bringe ich die Kinder in die nahe gelegene Schule und drehe sofort um, um Alice zu versorgen. Ich bade sie, ziehe sie an und trage sie in ihren Laufstall im Wohnzimmer. Dort amüsiert sie sich eine Zeit lang mit ihren Spielsachen, was mir die Gelegenheit gibt, eine Schale Cornflakes hinunterzuschlingen – wobei ich immer haushalten muss, schließlich bekomme ich nur eine Packung pro Monat.

Nach dem Frühstück mache ich im Kinderzimmer die Betten, räume die Spielsachen auf, die überall verstreut liegen, und sauge Staub.

Danach kehre ich in die Küche zurück, koche Kaffee für François und bereite das Müsli für Fabiola vor. Ich wische den Esstisch ab, decke Tassen, Kaffee und Milch auf.

Um diese Zeit kommt Monsieur aus dem Schlafzimmer.

»Guten Morgen, Henriette.« Er knabbert einen Keks und verschwindet im Badezimmer. Gegen zehn Uhr verlässt er die Wohnung und fährt in sein Büro, das einige Etagen weiter oben im Haus liegt.

»Auf Wiedersehen, Henriette«, sagt er, sieht mir aber nie in die Augen.

Danach putze ich das Badezimmer, die Küche und die Toiletten und wische im Gang und auf allen Regalen Staub. Mittlerweile hat Alice wieder zu plärren angefangen, weil sie entweder Gesellschaft haben oder einen Schluck Wasser trinken will. Dann binde ich sie mir mit einem Tuch an den Rücken und trage sie auf diese afrikanische Art mit mir herum, während ich weiter meiner Arbeit nachgehe. Bald schlummert Alice selig ein.

Gegen elf steht Fabiola auf, kommt im Nachthemd aus dem Schlafzimmer und geht auf Inspektionstour.

»Diese Ecke ist noch dreckig. Fang gleich noch mal von vorne an.«

Sie setzt sich an den Frühstückstisch, schaltet den Fernseher an und verfolgt gebannt ihre brasilianischen Telenovelas. Wenn ich mit dem Staubwischen fertig bin, lege ich Alice für eine kurze Siesta in ihr Bettchen und mache Fabiolas Bett. Dann wird es schon wieder Zeit, das Mittagessen zu kochen, denn Valentin und Clémence kommen mittags heim – besser gesagt: Ich hole sie ab. Wenn ich mit den beiden heimkomme, liegt Fabiola meist in der Badewanne. Manchmal ruft sie mich, damit ich ihr die Fußsohlen mit Bimsstein schabe.

Dann gebe ich den drei Kindern zu essen, packe die Kleine warm ein, stecke sie in den Kinderwagen und begleite mit ihr die beiden Großen zur Schule. Um halb zwei kehre ich zurück, bringe Alice zu Bett und singe ihr Lieder vor, bis sie einschläft. Nachdem ich selbst einen Happen gegessen habe, frage ich Fabiola, was ich zum Abendessen kochen solle. Für die Kinder gibt es abends Suppe, dann Reis, Nudeln oder Kartoffeln, die Erwachsenen essen afrikanische Gerichte, die ich allerdings nicht zu scharf würzen darf, weil François das nicht mag. Praktischerweise hat die Küche eine Glastür, so dass mich Fabiola vom Sofa im Wohnzimmer aus überwachen kann.

Wenn das Abendessen vorbereitet, das Geschirr vom Mittag gespült und aufgeräumt ist, mache ich mich an die Wäsche. Bei drei Kindern sammelt sich unglaublich viel dreckige Wäsche an. Wenn ich einen Tag mit dem Waschen aussetzen würde, käme ich nicht mehr hinterher. Erst wenn die Waschmaschine läuft, habe ich zum ersten Mal am Tag kurz Zeit, schnell unter die Dusche zu springen. Kaum drehe ich den Hahn auf, höre ich schon Fabiolas Gemecker.

»Bist du bald fertig? Du verschwendest das heiße Wasser!«

Schnell trockne ich mich ab, ziehe mich an, hole die Wäsche aus der Maschine und hänge sie auf.

Danach bereite ich eine Zwischenmahlzeit vor und wecke Alice, weil sie sonst abends nicht einschlafen würde. Fabiola geht inzwischen einkaufen oder schaut bei ihrem Lederwarengeschäft in der Rue de Rennes vorbei. Oft bleibt sie allerdings auch daheim, kramt in ihren Papieren oder sieht fern. Ich stecke Alice in den Kinderwagen und fahre hinunter, um die älteren Kinder abzuholen. Wenn Fabiola da ist, trägt sie mir bei dieser Gelegenheit immer auf: »Sag ihnen, dass Mama am Fenster steht und winkt.«

Und tatsächlich steht sie jedes Mal da und winkt, wenn wir den Bürgersteig entlangkommen.

»Seht mal, eure Mutter«, sage ich.

Oft gehe ich mit den Kindern zum Einkaufen, in den kleineren Ed-Supermarkt oder den riesigen Casino-Hypermarkt. Wenn wir heimkehren, stürmen die Kinder zu ihrer Mutter.

»Nein, nein, rührt meine Papiere nicht an, passt doch auf! Henriette, befrei mich von ihnen!«

So lautet die Begrüßung meistens. Etwa nach dreißig Sekunden setzt es die ersten Ohrfeigen. Fabiola fühlt sich von ihren Kindern immer gestört, egal ob sie telefoniert oder fernsieht. Und so schleichen Valentin und Clémence meist weinend aus Fabiolas Zimmer; auf ihrer milchkaffeefarbenen Mischlingshaut zeichnen sich rot die Abdrücke ab.

Um ihre Ruhe zu haben, sperrt Fabiola sich ein. Die Kinder essen eine Kleinigkeit, dann gehen wir in die Anlagen hinunter; allerdings nur eine halbe Stunde oder eine Stunde, wenn es zu kalt ist.

105

Wieder zurück, spielen Valentin und Clémence in ihrem Zimmer oder sehen fern, während ich die Krümel entferne, die die beiden über die ganze Küche verteilt haben. Dann bereite ich ihnen ihr Bad.

Zur Abendessenszeit kümmert sich Fabiola ein wenig um die Kinder, wenn ich es allein nicht mehr schaffe. Denn die beiden Großen richten überall einen fürchterlichen Saustall an, auf dem Teppich, dem Sofa. Ich putze dann hinter ihnen her und Fabiola muss Alice füttern. Sobald die Kinder fertig gegessen haben, schickt Fabiola sie auf ihr Zimmer.

Später kommt François nach Hause, küsst die Kinder, sieht sich die Nachrichten an und setzt sich dann mit Fabiola zum Abendessen, wenn es nicht zu spät geworden ist. Die beiden sehen beim Essen fern; François möchte Arte sehen, Fabiola protestiert und schließlich gibt er nach.

»Da hast du die Fernbedienung. Ich bin sowieso satt.«

Während ich abräume, kratzt Fabiola von den Tellern der Familie die Reste zusammen und tut sie auf einen Plastikteller. Das ist mein Abendessen – selbst wenn in den Schüsseln noch viel übrig ist. Das wird für den nächsten Tag aufgehoben; ich bekomme nur, was man sonst wegwerfen würde: kaltes, unappetitliches Essen von den Tellern der anderen. Manchmal werfe ich es weg und stehle mir einen Hühnchenschenkel oder eine Scheibe Fleisch aus dem Kühlschrank.

Später bringe ich die Kinder zu Bett. Clémence und Valentin schlafen im gleichen Zimmer, in einem Stockbett. Sie mögen es sehr, wenn ich ihnen etwas vorlese oder afrikanische Lieder vorsinge. Dann kommen Fabiola und François, falls er zu Hause ist, und geben beiden einen Gutenachtkuss. Um neun schalte ich das Licht im Kinderzimmer aus, wechsle Alice die Windeln und bringe sie zu Bett. Um halb, drei viertel zehn schläft sie meistens ein. Danach räume ich das Geschirr in die Spülmaschine und reinige die Küche. Fabiola sitzt vor dem Fernseher, François hat sich in sein Büro zurückgezogen. Um elf Uhr abends fange ich mit dem Bügeln an, die Wäsche stapelt sich meterhoch im Bügelkorb. Vor ein Uhr morgens bin ich nie fertig. Manchmal kommt François sehr spät aus dem Büro zurück.

»Lass es gut sein. Du kannst jetzt ins Bett gehen.«

Ich putze mir die Zähne und verkrieche mich in der winzigen »Bibliothek«, wo ich so leise wie möglich die Matratze hervorhole, um Alice nicht zu wecken. Manchmal habe ich solchen Hunger, dass ich noch einmal aufstehe und ein Glas Wasser trinke, um meinen Magen wenigstens einigermaßen zum Schweigen zu bringen.

Sehr oft erscheint François nicht zum Abendessen. Fabiola ruft ihn dann zornig im Büro an: »François, kommst du jetzt runter? Ich habe es satt, auf dich zu warten!«

François kommt, sie sehen sich schief an und schweigen.

Am liebsten kommt er so spät wie möglich, um zehn Uhr abends, wenn Fabiola schon fertig gegessen und sich zum Fernsehen in ihr Zimmer zurückgezogen hat und die Kinder im Bett liegen. Wie erschlagen setzt er sich ins Wohnzimmer. Ich frage ihn, ob er etwas essen möchte. Wenn er nicht antwortet, weiß ich, dass er einen schlechten Tag gehabt hat. Ich serviere ihm das Essen trotzdem, manchmal nimmt er es, manchmal schiebt er es nur herum, wirft seine Gabel zu Boden, redet mit sich selbst. Diesem Menschen geht es gar nicht gut.

Manchmal fängt er an zu toben, legt sich aufs Sofa und dreht die Musik ohrenbetäubend laut auf. Johnny Hallyday. Die Nachbarn sind's gewohnt. Oft wachen die Kinder von dem Lärm auf und weinen. Verschlafen fragen sie mich: »Macht Papa wieder Musik?«, oder »Bittest du ihn, dass er mir einen Gutenachtkuss gibt?«

»Ich weiß nicht, ob er heute Abend kommen kann«, antworte ich dann.

Trotzdem gehe ich ins Wohnzimmer hinüber und richte François die Bitte aus.

»Die Kinder wünschen sich einen Gutenachtkuss von Ihnen.«

Und wirklich geht er jedes Mal hinüber. Ich weiß, dass er im Grunde seines Herzens ein guter Mensch ist. Aber wie Jo ist auch er ein Schwächling; oft habe ich den Eindruck, dass er sich in seine eigene Welt flüchtet, um nicht mit ansehen zu müssen, was zu Hause vor sich geht. Mit mir spricht er praktisch nie. Wenn ihn irgendetwas stört, wenn zum Beispiel ein Hemd schlecht gebügelt ist, dann beschwert er sich bei Fabiola, die wiederum die Beschwerde an mich weitergibt. Trotzdem empfinde ich eine gewisse Sympathie für ihn: Schließlich kenne ich seine Frau und weiß, wie sehr man unter ihr leiden kann. Manchmal glaube ich, dass er sie nicht mehr ertragen kann, aber er hat wahrscheinlich noch andere Probleme. Auf jeden Fall verstehe ich nicht, was die beiden zusammenhält. Ständig geraten sie aneinander, worunter er sehr leidet. Wenn er nur eine andere Frau geheiratet hätte, würde sein Leben ganz anders aussehen.

Doch das Leben ist, wie es ist, und auf seine Weise ist er genauso ein Gefangener wie ich.

Im Unterschied zu Jo kann François aber richtig wild werden; bei seinen Wutausbrüchen veranstaltet er einen Riesenkrawall und brüllt herum, dass die Kinder Angst bekommen. Einmal haben die Nachbarn sogar die Polizei gerufen.

Am Morgen nach einem solchen Anfall ignoriert er mich völlig und weicht meinem Blick aus, wahrscheinlich eher aus Scham denn aus Verachtung. Wenn er mir im Gang begegnet, senkt er den Kopf, schiebt mich zur Seite und verschwindet wortlos.

Sonntags nimmt François die Kinder zu Mamie, seiner Mutter, mit aufs Land. In der Zwischenzeit fahre ich nach oben und räume sein Büro auf. Dort herrscht das reinste Chaos, zum Beispiel verschüttet er ständig Tee. Ich reinige den Teppich, putze das Bad und die Kochecke und räume auf dem Schreibtisch auf. Alle Unterlagen riechen nach Rauch und sind mit Zigarettenasche überzogen.

Die Zeit im Büro gehört zu den wenigen Augenblicken der Woche, in denen ich durchatmen kann. Endlich bin ich allein. Den Sonntag verbringt Fabiola im Nachthemd, es besteht also kaum Gefahr, dass sie heraufkommt. So setze ich mich auf den Boden und summe die Lieder, die Mama mir früher vorgesungen hat.

Enyo, Enyo, Enyo
Mahou nou si a nou
(Alles ist gut, alles ist gut,
was Gott für uns getan.)
Dodi, dodi
Enou nia dé la waké
(Nur Mut, bewahre die Hoffnung.
Ein besserer Tag wird anbrechen.)

Diese Lieder brachten mich aus Paris weg und nach Afrika zurück. Ich sah meine Mutter vor mir, wie sie diese Lieder sang, während sie, in ihren afrikanischen Schurz gehüllt, bei Sonnenuntergang auf der Holzbank vor unserem Haus saß oder im Hof unter dem Mangobaum Wäsche aufhängte. Dann setzte ich mich neben sie und versuchte, den Text nachzusingen. Oft brach sie in schallendes Gelächter aus, wenn ich mich vertat. Ich erinnere mich an unser gemeinsames Glück und daran, wie sehr ich sie bewunderte. Heiße Tränen laufen mir über die Wangen.

Mama, Mama, wo bist du?

Diese Lieder singe ich den Kindern nie vor, ich behalte sie für mich, weil sie mich zu traurig machen. Manchmal summe ich sie mir ganz leise vor, um mir Mut zu machen, aber laut singe ich sie nur in François' Büro, in der Hoffnung auf bessere Tage.

An Weihnachten besuchte Mamie uns zum Abendessen. Wir hatten die Tafel festlich gedeckt, mit einer Menge Geschirr und Kerzen. Ich arbeitete in der Küche, da rief mich Mamie.

»Nimm dir einen Teller und setz dich zu uns.«

Also schob ich einen zusätzlichen Stuhl an den Tisch und setzte mich. Mamie fing an, mich vor der ganzen Familie auszufragen. »Was machst du eigentlich, wenn du nicht im Haus arbeitest?«

»Ich kaufe ein oder hole die Kinder ab.«

»Wie, ist das alles? Verbringst du die ganze Zeit in der Wohnung? Hast du denn keine Lust, etwas anderes zu tun?«

»Doch. Ich würde wahnsinnig gern in die Schule gehen und etwas lernen ...«

»Gut. Besprich das mit Fabiola. Sie wird sich darum kümmern. Nicht wahr, Fabiola?«

»Ja, ja, selbstverständlich.«

Doch dann habe ich nie wieder davon gehört.

Etwa einmal pro Woche kam Nadia uns besuchen, Fabiolas älteste Tochter aus erster Ehe. Fabiolas erster Mann war auch Franzose, ein schwerreicher Arzt, dessen

Praxis in einer der edelsten Straßen der Stadt lag, in der Avenue Foch oder so. Nadia war etwa so alt wie ich und bewunderte meine Kochkunst. Sie fragte, wo ich so gut kochen gelernt hätte.

»In Afrika verbringen die kleinen Mädchen viel Zeit mit ihrer Mutter. Sie sehen zu, helfen und mit zwölf können sie dann selbst kochen.«

Eines Tages brachte Nadia die verschiedensten exotischen Zutaten für ein afrikanisches Rezept mit. Ich staunte.

»Woher hast du dieses Gemüse? Und diese Gewürze? So etwas habe ich in Paris noch nie gesehen.«

»Mein Vater musste nach Abidjan und ich bat ihn, mir all das mitzubringen.«

Dann bat mich Nadia, ihr bei der Zubereitung der Mahlzeit zu helfen, die sie später in einer großen Schüssel mit nach Hause nehmen wollte. Während des Kochens plauderten wir ein wenig. Sie erzählte, dass sie bald ihr Abitur machen würde, und fragte mich: »Wie steht's bei dir?«

»Ich habe in der sechsten Klasse die Schule verlassen, hier in Frankreich bin ich keinen Tag in die Schule gegangen.«

»Hat meine Mutter dich etwa nirgendwo einschreiben lassen?«

»Nein.«

»Weißt du, sie ist zwar meine Mutter, aber ich könnte niemals bei ihr leben. Wie erträgst du sie bloß? Vor dir hat Fabiolas Schwester für uns gearbeitet, Kenza. Ich habe sie geliebt, auch die anderen Kinder waren ganz vernarrt in sie. Doch meine Mutter hat sie so übel behandelt, dass sie schließlich davonlief. Heute lebt sie auf Réunion.«

Bei einer anderen Gelegenheit schenkte mir Nadia eine Tasche voller Kleidung, die sie nicht mehr anzog – ihr war gleich aufgefallen, dass ich kaum etwas zum Anziehen hatte. Doch Fabiola befahl mir, ihr die Tasche zu bringen, entnahm ihr alle schönen Stücke und ließ mir den Rest.

In der darauf folgenden Woche fragte Nadia mich: »Hast du die Sachen anprobiert? Stehen sie dir? Zeig doch mal!«

»Das hier ist alles, was ich habe.«

»Und der Rest? Ich habe doch eine ganze Menge Kleider in die Tasche gepackt!«

»Deine Mutter hat sie mir weggenommen.«

Wütend lief Nadia zu ihrer Mutter. »Warum hast du die Sachen genommen? Ich hatte sie Henriette geschenkt!«

»Dein Vater hat für diese Kleidung teures Geld ausgegeben, ich hebe sie für Clémence oder Alice auf.«

»Nächstes Wochenende nehme ich dich und die beiden Großen zum Jahrmarkt mit.« Sie wollte mich trösten.

Am folgenden Samstag kam sie voller Vorfreude. »Und, seid ihr fertig?«

Fabiola wies auf Valentin und Clémence. »Sie sind fertig.«

»Und Henriette?«

»Sie darf meinetwegen gehen, wenn sie Alice mitnimmt.«

»Aber Mama, das geht doch nicht! Wir werden den ganzen Nachmittag unterwegs sein, uns Vorführungen ansehen. Was sollen wir da mit dem Baby anfangen? Da müssten wir den Kinderwagen, Fläschchen, Ersatzwindeln und was weiß ich noch mitnehmen ...«

»Dann geh halt nur mit den zwei Großen.«

»Nicht doch! Ich werde mich nicht ganz allein um sie kümmern. Lass doch Henriette mitkommen!«

Fabiola gab keinen Millimeter nach und so zog Nadia wieder ab – allein und stinksauer.

Als Nadia weg war, sagte Fabiola: »Ich verbiete dir, in

Zukunft mit meiner Tochter zu reden, wenn sie uns besucht.«

In der darauf folgenden Woche sah Nadia wie gewohnt bei mir in der Küche vorbei und brachte neue Zutaten für ein afrikanisches Gericht mit. Doch Fabiola verdarb alles: Nadia hatte kein Öl mitgebracht und Fabiola verbot ihr einfach, unseres zu benutzen. Schnell wurden beide laut, wutentbrannt packte Nadia ihre Sachen zusammen und rauschte aus der Wohnung. Ich sah sie erst in den großen Ferien wieder.

Meine kurzen Gespräche mit Mamie und Nadia hatte mich nachdenklich gemacht. Ich wusste, dass Fabiola mich für die Schule hätte einschreiben lassen müssen. Eines Tages wagte ich, das Thema anzuschneiden.

»Fabiola, ich bin jetzt schon über ein halbes Jahr bei dir, ich arbeite jeden Tag, gehe nicht zur Schule, bekomme kein Geld ...«

»Wir müssen noch warten, bis Alice ein bisschen größer ist. Dann bleibt dir mehr Freizeit und du kannst zur Schule gehen. Was das Geld anbetrifft, ich lege etwas für dich zur Seite. Weil du kein Bankkonto hast, bewahre am besten ich es auf.«

Einige Zeit später wollte ich doch einmal sehen, wie weit es mit ihren Versprechungen her war, und bat sie um Geld, das ich meiner Mutter schicken wollte. Fabiola wimmelte mich ab. »Dein Geld bekommst du, wenn du wieder nach Hause gehst. Wenn ich es dir jetzt gebe, wirfst du nur alles zum Fenster hinaus, deine Geschwister werden dir alles abschwatzen und am Ende bleibt dir nichts übrig. Glaub mir, das ist die beste Lösung.«

Manchmal lud Fabiola ihre Freundin Orlande ein, wenn ich afrikanisch kochte. Orlande kam von der Insel Réunion, hatte helle Haut und kurzes, lockiges Haar. Sie besaß einen

Frisiersalon. Als ich die Mahlzeit auftrug, fragte sie mich: »Henriette, isst du nichts?«

»Doch«, antwortete ich, »später gibt mir Fabiola etwas in der Küche.«

Orlande gehörte zu den wenigen Menschen, die ich auch in Fabiolas Abwesenheit in die Wohnung lassen durfte. Eines Tages kam sie, als Fabiola noch unterwegs war. Ich ließ sie herein und plauderte in der Küche mit ihr über alles Mögliche. Völlig überraschend sagte Orlande plötzlich: »Hör zu, ich kenne Fabiola seit sehr langer Zeit und weiß, wie sie sein kann. Du bist so jung, so nett, es tut mir weh mit anzusehen, wie sie dich behandelt. Wenn du willst, helfe ich dir, von hier zu fliehen.«

Ich putzte weiter Gemüse, setzte Wasser auf.

»Und keinen Ton von dem, was ich dir gesagt habe, zu Fabiola!«

Ich fragte mich, ob Fabiola mir eine Falle stellen wollte. Schließlich war Orlande ihre beste Freundin. Wahrscheinlich hatte sie sie vorgeschickt, um mich zu testen. Also ging ich überhaupt nicht auf Orlandes Vorschlag ein.

Orlande beharrte nicht weiter und setzte sich hinüber ins Wohnzimmer.

Im Juli flog Fabiola für zwei Wochen nach Afrika und bat Orlande, hin und wieder in ihrer Wohnung nach dem Rechten zu sehen. So hatte ich mehrmals Gelegenheit, mit Orlande zu sprechen.

»Hast du über das nachgedacht, was ich dir neulich gesagt habe?«

Ich schwieg.

»Weißt du, ich will dir nur helfen. Ich habe gesehen, wie sie ihre Schwester Kenza behandelt hat, und ich habe Kenza das Gleiche gesagt wie dir. Fabiola hatte ihr alles Mögliche versprochen, eine Ausbildung, Papiere, Geld.

Anfangs wollte Kenza mir auch nicht glauben, doch dann begriff sie, dass ich Recht hatte. Hat Fabiola nicht das Gleiche versprochen?«

Ich traute ihr immer noch nicht.

»Weißt du was? Ich werde Kenza bitten, dich anzurufen. Sie kann dir sicher mehr erzählen.«

Und wirklich rief einige Tage später – Fabiola war noch in Afrika – Kenza an. Ich war allein mit Alice, die älteren Kinder spielten in ihrem Zimmer.

»Hallo? Hier spricht Kenza, Fabiolas Schwester. Bist du Henriette?«

»Fabiola ist nicht zu Hause.«

»Ich möchte auch gar nicht mit Fabiola sprechen. Ganz bestimmt nicht. Ich möchte mich mit dir unterhalten. Orlande hat mir alles erzählt. Du kannst ihr vertrauen, sie ist ein guter Mensch. Nur mit ihrer Hilfe habe ich von dort fliehen können. Ich rate dir, es mir nachzutun.«

»Aber ich kann die Kinder doch nicht einfach so zurücklassen, dafür liebe ich sie zu sehr.«

»Das war auch für mich ein Problem. Aber schließlich bin ich doch gegangen. Gott hätte einer solchen Frau niemals Kinder schenken dürfen!«

Ich hakte nicht weiter nach, hatte mich aber auch noch nicht entschieden, Fabiola zu verlassen. Später schaute Orlande vorbei.

»Und? Hast du mit Kenza gesprochen?«

»Ja. Sie hat mir von all den leeren Versprechen erzählt.«

»Und jetzt?«

»Vielleicht hat Fabiola sich ja verändert, vielleicht hält sie jetzt ihr Wort.«

»Na, du wirst ja sehen. Und denk daran: Keinen Ton zu Fabiola!«

In der Nacht wälzte ich mich schlaflos, wusste nicht,

was ich von der Angelegenheit halten sollte. Durfte ich Orlande trauen? Egal, was sie sagte, sie war immer noch eine Freundin von Fabiola. Und ich konnte immer noch nicht recht glauben, dass jemand seine eigene Schwester so schlecht behandeln würde. Gleichzeitig erkannte ich sehr wohl, dass Fabiola mir mit der Zeit immer mehr verbot; ich war jetzt praktisch in der Küche eingesperrt und durfte mich zum Beispiel nicht mehr auf die Couch im Wohnzimmer setzen. Von Schule war keine Rede und von dem versprochenen Geld hatte ich auch noch keinen Pfennig gesehen …

In den ersten zwei Jahren verbrachten wir den Sommer in einer riesigen Villa in Cabourg, direkt am Meer, die uns Fabiolas erster Mann für die Zeit überließ. Kaum waren wir angekommen, unternahmen François, Fabiola und die Kinder einen Strandspaziergang, während ich das Haus bewohnbar machte. Ich öffnete die Fensterläden, entfernte Spinnennetze, wischte, saugte Staub und putzte die Bäder. Die letzten Bewohner hatten die Küche im Chaos zurückgelassen: In der Spüle stapelte sich schmutziges Geschirr, im Kühlschrank verrotteten Lebensmittel. Ich musste alles mit Chlor desinfizieren.

Danach brachte ich das Gepäck nach oben, packte es aus und räumte die Sachen der ganzen Familie in die Schränke. Wenn ich an der Terrasse vorbeikam, hatte ich kaum Zeit und Lust, das Meer anzusehen. Dann überließen François und Fabiola die Kinder mir und gingen einkaufen. Valentin und Clémence liefen aufgeregt im ganzen Haus umher, Alice versuchte, ihnen zu folgen. Später badete ich die drei.

Als François und Fabiola zurückkamen, räumte ich die Einkäufe ein und bereitete das Abendessen zu. Nach dem Essen sahen die Eltern fern, ich spülte ab – hier gab es keine Spülmaschine – und brachte die Kinder zu Bett.

Am nächsten Tag telefonierte Fabiola viel, um die Ankunft von Nadine und ihren Freunden zu besprechen. Für mich bedeuteten mehr Leute vor allem zusätzliche Arbeit beim Kochen und beim Abspülen; zum Glück half mir Nadia in der Küche.

Am frühen Nachmittag hielten die Kinder ein Schläfchen, während ich im Haus aufräumte, Staub saugte und mich um die Wäsche kümmerte, aus der überall Sand rieselte. François unternahm lange Spaziergänge, zu denen er seinen Fotoapparat mitnahm, Fabiola fuhr in die Stadt; sie legte sich nicht so gerne an den Strand. Manchmal setzten die beiden sich einfach auf die Terrasse.

Sobald die Kinder wieder aufstanden, brachte ich sie zum Strand vor dem Haus. Jetzt begannen meine Ferien: Zwei Stunden lang konnte ich die Füße ins Wasser strecken oder einfach nur dasitzen und nichts tun. Ich musste nur auf die Kinder und die Sachen aufpassen.

Ein Freund der Familie verbrachte einige Tage im Haus; Fabiola stellte mich ihm vor. »Das ist Henriette, meine Schwester.«

Und das war nur halb gelogen, denn sie behandelte mich zunehmend so, wie sie Kenza behandelt hatte.

Ende August kehrten wir nach Paris zurück und für die Kinder begann ein neues Schuljahr. Eines Tages, wir kamen gerade zu Hause an, drang aus der Wohnung ohrenbetäubendes Geschrei. François brüllte herum, Fabiola raste vor Zorn: »Diesmal lasse ich mich scheiden!«

Dann rauschte sie an uns vorbei aus der Wohnung und knallte die Tür hinter sich zu.

Ich brachte die Kinder auf ihr Zimmer. Die ganze Wohnung stank nach Erbrochenem, ich riss alle Fenster auf und ging dann in das Zimmer, in das sich François zurückgezogen hatte. Er hatte auf das Bett und auf den Boden gespien und sah aus wie der Tod. Mühsam stand er auf, damit ich das Leintuch wechseln konnte. Er wollte auf die Toilette, war aber so schwach, dass ich ihn stützen musste. Ich führte ihn bis zur Kloschüssel, in die er kotzte und kotzte. Seine Kleidung und sogar sein Gesicht waren besudelt. Gleichzeitig heulte er.

Ich hängte das Leintuch im Bad zum Trocknen auf und reinigte den großen Flecken auf der Matratze mit einem Schwamm. Um die Sauerei auf dem Boden zu entfernen, brauchte ich eine ganze Rolle Küchentücher.

Als Monsieur zurückkam, hatte er sich das Gesicht gewaschen. Er tat mir Leid. Schwer fiel er aufs Bett und stöhnte. »Henriette, ich rede ja nie mit dir, aber ... danke.«

Das war seit zwei Jahren wahrscheinlich das erste Mal, dass François mich direkt ansprach. Ich antwortete nicht einmal, so beschäftigt war ich.

Danach schlief er drei, vier Stunden. Als er aufwachte, bat er mich um eine Suppe. Ich machte ihm eine Tütensuppe und servierte sie im Wohnzimmer. Er aß kaum die Hälfte und legte sich dann wieder ins Bett.

Am nächsten Tag kam Fabiola zurück und behandelte ihn wie Luft. Die ganze Woche lang versuchte François, sich zusammenzureißen, doch Fabiola war stumm wie ein Fisch. Auch wenn er sie direkt ansprach, sagte sie keinen Ton. Und dann fing alles von vorne an, schlimmer als zuvor. Wieder stritten sie sich, wieder stürmte Fabiola aus der Wohnung.

Ich war mit den Kindern im Wohnzimmer, als François plötzlich in der Tür stand, herumbrüllte und die ganze Welt verfluchte. Bald bekamen es die Kinder mit der Angst und fingen an zu weinen. François packte Valentin an den Schultern, schüttelte ihn und schrie: »Was? Was ist los?

Hast du etwa Angst vor mir? Ich bin dein Vater. Ich habe die Kleidung bezahlt, die du trägst, ich bin der Einzige, der in diesem Haus arbeitet!«

Valentin schlotterte vor Angst. »Ja, Papa, ja.«

Ich schritt ein. »Monsieur, ich glaube, ich bringe die Kinder besser auf ihr Zimmer.«

»Ja, genau, tu das!«

Dort trug ich Valentin auf, Mamie anzurufen. Schluchzend brachte er am Telefon hervor: »Papa hat mich geschüttelt, er brüllt uns an.«

»Ich komme sofort vorbei. Ruft aber sicherheitshalber die Feuerwehr, man weiß nie, wozu er fähig ist.«

Das taten wir. Aus dem Wohnzimmer ertönte in diesem Augenblick ein Riesenkrach, als ob François einen Stuhl gegen die Wand geworfen hätte.

Um die völlig verstörten Kinder zu beruhigen, holte ich Kekse und Süßigkeiten aus der Küche. Dabei sah ich zufällig, dass Monsieur am Fenster stand und schon einen Fuß über die Brüstung gehoben hatte. Er starrte in die Tiefe.

Ich schrie. »Tun Sie's nicht!«

Langsam drehte er den Kopf in meine Richtung. Sein Mund war halb geöffnet, doch er sagte kein Wort, als zweifelte er noch.

Ich stürzte mich auf ihn, packte sein Bein und zog mit aller Kraft.

»Lass mich los! Lass mich in Frieden!«

Trotzdem schaffte ich es, ihn wieder ins Innere zu zerren. Er sank auf den Boden und überschüttete mich mit Beleidigungen. Ich schloss das Fenster.

»Sieh nur, wie weit es mit mir gekommen ist!«, murmelte er, ging in sein Zimmer und schloss sich ein.

Mamie kam, doch er ließ selbst sie nicht hinein. Sie ermahnte ihn: »François, du hast die Kinder erschreckt.«

»Was willst du denn hier? Ich sehe meine Familie nur noch, wenn es Schwierigkeiten gibt.«

»Das kommt, weil du uns nicht mehr einlädst.«

»Aber jetzt hab ich Sie nicht eingeladen, Madame Calmar. Verschwinden Sie aus meiner Wohnung!«

Endlich kamen die Feuerwehrleute. Sie klopften an die Zimmertür.

»Monsieur Calmar, wir bringen Sie jetzt ins Krankenhaus.«

»Gehen Sie weg!«

»Es geht Ihnen nicht gut!«

Darauf öffnete er die Tür. »Sehen Sie mich an, mir geht es bestens. Jetzt haben Sie mich gesehen und können verschwinden!«

Zwei stämmige Feuerwehrleute stellten die Bahre, die sie trugen, auf den Boden und näherten sich langsam der Tür.

»Monsieur, legen Sie sich freiwillig auf die Trage oder müssen wir Sie gewaltsam festschnallen?«

François gab sofort nach.

Wir blieben allein mit Mamie in der Wohnung zurück, dann kam Fabiola, seelenruhig.

»Mama, Papa ist mit der Feuerwehr weg!«

Als ich erzählt hatte, was passiert war, sagte Fabiola nur: »Du hast ihn also daran gehindert, sich aus dem Fenster zu stürzen. Warum? Hättest du ihn doch springen lassen!«

Darauf erhob sich Mamie von ihrem Stuhl und ging, grußlos. Fabiola war das anscheinend völlig egal.

Einige Tage später kam Mamie erneut und erzählte, dass François eine Zeit lang auf Kur bleiben würde. Fabiola und Mamie unterhielten sich im Wohnzimmer und wurden bald so laut, dass ich sie noch in der Küche hörte. »Es ist deine Schuld, dass François so geworden ist! Wenn ihm etwas zustößt, nehme ich die Kinder zu mir. Du wirst sie nie bekommen, du Rabenmutter!«, brauste Mamie auf.

Anscheinend hatten die Kinder in der Schule etwas von dem Vorfall erzählt, denn Fabiola erhielt eine Vorladung, eine Sozialarbeiterin kam und sah sich die Zustände bei uns an. Fabiola gab sich zuckersüß und überaus freundlich. Mich stellte sie als ihre Nichte vor, worauf die Sozialarbeiterin nicht einmal mit der Wimper zuckte.

Später erhielten die Calmars vom Amt eine Mahnung: Wenn sich die Zustände nicht besserten, liefen sie Gefahr, das Sorgerecht für ihre Kinder zu verlieren.

Ich wusste gar nicht, was ich davon halten sollte. Allmählich fragte ich mich, ob mein Leben nicht genauso hoffnungslos verpfuscht war wie das von François. Auf jeden Fall widerte mich mein derzeitiges Dahinvegetieren an. Wenn ich dieses »Leben« mit meinen früheren Träumen verglich ... Wäre ich doch nur daheim geblieben! Ich wagte nicht mehr, mit irgendjemandem zu sprechen, zog mich immer mehr in mich zurück. Bei Simone hatte ich wenigstens noch Stéphanie, mit der ich mich nachts flüsternd unterhalten konnte. Bei den Calmars war ich völlig allein, der Sprache beraubt. Oft dachte ich in meinem fensterlosen Loch an Stéphanie und fragte mich, ob sie noch immer in der Porte Dorée schuftete.

Ich betete häufig und fühlte mich Gott bald sehr verbunden. Sonst konnte ich mich ja an niemanden wenden. Wenn er wirklich der Gott der Nächstenliebe war, wie man behauptete, bat ich ihn, mir diese Nächstenliebe zu beweisen. Verzweifelt fragte ich ihn, womit ich mein Schicksal verdient hatte. Warum lebte ich nicht wie die anderen Mädchen meines Alters, denen ich hin und wieder in Geschäften oder im Park begegnete? Diese Mädchen hatten Vater, Mutter, Geschwister, Freundinnen – ich dagegen war einsam wie eine kleine Insel im Meer. Manchmal verspürte ich Lust, mich aus dem Fenster zu stürzen, wie François. Wer würde um mich trauern? Was würde mein Tod ändern? Aber dann wäre mein Leiden vergeblich gewesen – also biss ich die Zähne zusammen und hielt durch. Und betete.

Zum Glück gab es die Kinder, die viel mit mir redeten. Trotz allem liebten sie ihre Eltern, bekamen von ihnen aber nicht immer die Zuneigung, die sie brauchten. Also wandten sie sich mir zu. Mir konnten sie alles anvertrauen, ohne Strafen befürchten zu müssen. Oft richteten sie mich wieder auf, ohne es überhaupt zu merken: Wenn sie aus der Schule stürmten und meinen Namen riefen, wenn sie mir stolz selbstgemalte Bilder zeigten, wenn sie mir erzählten, was sie den Tag über erlebt hatten. Dann vergaß ich, dass ich selbst den ganzen Tag wie eine Einsiedlerin verbracht und kein Wort gesagt hatte. In ihrer Gesellschaft hielt ich meine Tränen zurück, ich wollte sie nicht unnötig traurig machen. Aber wenigstens liebte mich jemand, und wenn sie mich nur ein wenig lieb hatten, war nicht alles umsonst. Solange mich jemand liebte, war ich nicht ganz verloren. An diesem Faden hing mein Leben.

Zwei Monate nach seinem Nervenzusammenbruch kam François wieder zurück. Er schien friedlicher geworden, hin und wieder sprach er sogar mit mir.

Ich sagte ihm: »Monsieur, ich arbeite mittlerweile seit zwei Jahren bei Ihnen. Ich bin nur geblieben, weil ich keine Wahl hatte und weil ich die Kinder liebe. Aber ich möchte, dass man meine Leistung anerkennt. Ich möchte bezahlt werden und in die Schule gehen.«

»Mir ist klar, wie sehr du dich abrackerst. Und die Kinder lieben dich. Wenn du gehst, werde ich mich dafür erkenntlich zeigen. Was das andere angeht, musst du mit Madame reden.«

Kurz nach François' Rückkehr besuchte Mamie uns.

»Henriette, ich möchte dich und die Kinder für nächsten Sonntag aufs Land einladen.«

Fabiola – die nicht eingeladen wurde – sagte zu mir: »Du musst das Bett machen, das Büro aufräumen, kurz, alles, was du sonst am Sonntag tust. Wenn du das nicht schaffst, bleibst du hier.« Und so stand ich am Sonntag um vier Uhr früh auf und putzte, bis die Kinder aufwachten. Ich richtete ihr Frühstück her und fuhr dann nach oben, um François' Büro aufzuräumen. Danach zog ich die Kinder an und war fertig. Doch Fabiola erfand ständig neue Aufgaben, um mich zurückzuhalten. Ich sauste herum wie eine Verrückte, während François schon an der Eingangstüre wartete. Schließlich wurde er ungeduldig.

»So, wir gehen jetzt!«

Zum Glück protestierten die Kleinen. »Warten wir doch noch, sie ist praktisch fertig.«

Endlich durften wir auf unsere Landpartie – François, die Kinder und ich. Mamie bewohnte ein wunderschönes Haus in der Normandie voller antiker Möbel und Kunstgegenstände, die ihr Mann gesammelt hatte. Sie zeigte mir Familienfotos, auf denen ihre Geschwister zu sehen waren.

»Weißt du, auch ich habe sehr gelitten, während des Krieges. Ich musste arbeiten, mich um meine jüngeren Geschwister kümmern.«

Als ich ihr anvertraute, dass ich im Gebet Trost fand, erzählte sie mir, dass am Nachmittag in der kleinen Dorfkirche eine Messe gehalten würde. Ich ging allein; währenddessen passte sie auf die Kinder auf. Später spielte ich mit ihnen im Garten, Mamie machte Fotos. Es schien Ewigkeiten her zu sein, seit ich das letzte Mal im Gras gelegen hatte.

Während des Essens fragte mich Mamie über meine Arbeit aus und wandte sich dann an François. »Das kannst du doch nicht zulassen. Niemand darf ein Mädchen so behandeln, wie deine Frau es tut.«

Von der Küche aus konnte ich später folgende Unterhaltung hören:

»François, ich will, dass du dich wie ein Mann benimmst. Dein Vater war ganz anders. Es passt mir nicht, wie ihr mit Henriette umgeht. Weißt du noch, wie sie ankam? Sie war noch ein Kind ... Es scheint dir gut zu gehen, wenn du hier bist. Warum lässt du dich daheim so unterdrücken?«

»Das sagst du nur, weil du Fabiola nie gemocht hast.«

François tat mir Leid, aber gleichzeitig hätte ich Mamie gern gesagt, dass es keinen Sinn hatte, weiter in ihn zu dringen: Monsieur würde nie ein Mann werden.

Mamie telefonierte mit Fabiola, dann fuhren wir nach Paris zurück.

Kaum waren wir angekommen, gingen François und Fabiola auf mich los. Ich hätte Mamie Lügengeschichten aufgetischt, nur weil ich Fabiola nicht leiden könne, aber von Mamie würden sie sich niemals vorschreiben lassen, wie sie sich zu verhalten hätten. Ich sei eine Lügnerin, eine Hexe, ich trüge die Schuld daran, wenn die Nachbarn sie schief ansähen. Dann warnten sie mich, dass sie alles erfahren würden, was ich an Lügengeschichten verbreiten würde.

Ich verteidigte mich. »Mamie hat mir Fragen gestellt, auf die ich so gut wie möglich geantwortet habe.«

In den nächsten Wochen lud Mamie uns wiederholt aufs Land ein, doch Fabiola fand jedes Mal einen Vorwand, um mich im Haus zu behalten.

Anlässlich des zweiten Geburtstags von Alice schaute Catherine, François' Schwester, bei uns vorbei. Sie brachte einen Kuchen mit, mir schenkte sie einen Blumenstrauß. Ich war überrascht und gerührt. Als im Wohnzimmer die Kerzen angezündet wurden, kam Catherine zu mir in die Küche.

»Komm doch, worauf wartest du noch? Alice ist auch dein Kind, du solltest auch mit ihr auf den Fotos sein.«

Ich folgte ihr ins Wohnzimmer, wo sie viele Fotos mit mir und der Kleinen machte.

Sobald aber Catherine gegangen war, explodierte Fabiola. »Was hast du ihr schon wieder erzählt? Warum bringt sie dir Blumen mit und mir nicht? Du bist eine miese Intrigantin, die nur Keile zwischen die Familienmitglieder treiben will!«

Dabei hatte ich Catherine kein Wort gesagt, sie überhaupt erst zwei, drei Mal gesehen, kurz nach der Geburt von Alice und zu ihrem ersten Geburtstag. Hin und wieder ging Catherine mit den zwei großen Kindern spazieren, aber ich blieb jedes Mal mit Alice zu Hause. Von diesen Ausflügen brachten mir die Kinder immer kleine Geschenke mit, Süßigkeiten oder Gebäck. Und jedes Mal schimpfte Fabiola.

»Warum schickt Catherine dir etwas zu essen? Glaubt sie etwa, du bekommst bei mir nichts? Was hast du ihr schon wieder erzählt?«

Am Ende ließ ich Catherine über die Kinder ausrichten, dass sie mir nichts mehr schenken solle, egal was. Doch Fabiola erfuhr davon und rastete völlig aus.

»Aha, du redest tatsächlich mit den Leuten! So, so, die böse Fabiola verbietet, dass man dir etwas zu essen schenkt!«

Fabiola schaffte es, mir jedes Wort im Mund umzudrehen. Also verschloss ich mich immer mehr und schwieg.

An Weihnachten kam Catherine nicht zu Besuch, nur

Mamie. Sie brachte mir Geschenke mit – und als es daran ging, die Pakete zu öffnen, war Fabiola die Ungeduldigste.

»Lasst uns jetzt mal sehen, was Henriette bekommen hat ...«

Zuerst öffnete ich das Kuvert, das ich von Mamie bekommen hatte.

»Fünfhundert Francs!«, rief ich erstaunt und zeigte den Schein herum wie ein Lottogewinner seinen Millionenscheck. Dann riss ich Catherines Paket auf und fand einen schicken Rollkragenpullover. Ein drittes Geschenk stammte von Béatrice, François' zweiter Schwester, die ich allerdings noch nie gesehen hatte, weil sie in Marseille wohnte. Fabiola war nicht weniger erstaunt als ich.

»Woher kennt dich Béatrice denn? Warum schickt sie dir Geschenke?«

Von Béatrice bekam ich einen Glücksstein an einem Kettchen. Fabiola starrte Mamie an, doch die wandte sich ab. Nach dem Essen nahm ich die Geschenke, um sie in meinem Koffer zu verstauen – ich hatte keinen eigenen Schrank, nicht einmal eine Schublade. Alle meine Sachen lagen in dem Koffer, den ich unter dem Stockbett der Kinder verstaut hatte. Fabiola kannte seinen Inhalt bestens, weil sie ihn regelmäßig durchsuchte.

Dann verabschiedete sich Mamie, und sobald sie aus der Türe war, stürzte Fabiola ins Zimmer und öffnete den Koffer.

»Das Geld bewahre am besten ich für dich auf. Und mit dem Pullover hat Mamie sich getäuscht, Catherine hat ihn mir geschenkt. Das Gleiche gilt für den Glücksbringer. Béatrice kennt dich ja nicht einmal, du hast nie mit ihr gesprochen, warum sollte sie dir etwas schenken?«

So nahm sie mir alle Geschenke wieder weg. Ich glotzte

sie nur an, völlig verdattert. Das konnte ich einfach nicht glauben. Jetzt war sie endgültig verrückt geworden, ihre Bösartigkeit hatte ihr anscheinend das Hirn zerfressen. Das Geld brauchte sie nun wirklich nicht – und was wollte sie mit dem Glücksbringer? Ihre Kleiderschränke platzten aus allen Nähten, einen Teil ihrer Kleidung hatte sie längst in den Keller auslagern müssen. Wozu brauchte sie diesen Pullover?

Am Ende behielt sie ihn gar nicht, sondern schenkte ihn einige Tage später einer nicht besonders engen Freundin. Keine Sekunde erwog ich, Mamie oder Catherine Bescheid zu geben. Sie würden nur mit Fabiola reden und dann fiele alles auf mich zurück. Außerdem rieb Fabiola mir es immer wieder unter die Nase: »Du kannst denen erzählen, was du willst, sie gehören immer noch zu *meiner* Familie.«

All das musste ich aus einem einzigen Grund ertragen: Ich konnte sonst nirgendwohin. Zu wem hätte ich fliehen sollen, wenn sie mich vor die Tür gesetzt hätte? Was würde da draußen aus mir werden, ohne Freunde, ohne Wohnsitz, ohne Geld, ohne Papiere? Wohin sollte ich gehen, wenn ich dieses Haus verließ? Das Leben bei den Calmars war die Hölle, aber draußen wartete das Nichts auf mich. Diesen Sprung wagte ich nicht. Meine Familie existierte für mich nicht mehr, ich fühlte mich als Waise. Mir blieb nichts anderes übrig, als demütig zu allem Ja und Amen zu sagen, aus Angst davor, sonst auf der Straße zu landen. Ich nahm Befehle entgegen, widersprach nicht und erledigte meine Arbeit.

An Neujahr kam eine Menge Gäste – Freunde oder Nachbarn wie Mathilde, eine Dänin, die schon öfters mit ihrem Mann zum Abendessen gekommen war.

Nadia war auch da und steckte mir in der Küche heimlich einen Ring zu, wohl wissend, dass Fabiola ihn mir wegnehmen würde, wenn sie davon erführe. Ich verbarg den Ring in meinem Koffer, obwohl ich genau wusste, dass Fabiola ihn regelmäßig durchsuchte. Aber wo hätte ich ihn sonst verstecken sollen? Ich schob ihn in die hinterste Ecke, hinter den Schließmechanismus. So genau würde sie sicher nicht suchen.

Noch am gleichen Abend durchschnüffelte Fabiola meine Sachen und stieß auf den Ring.

»So so, du stiehlst jetzt schon mein Geld, um dir Schmuck zu kaufen?«

»Nein.«

»Und woher hast du dann den Ring?«

Ich konnte es einfach nicht verraten. Sie würde sofort Nadia anrufen, uns bezichtigen, uns hinter ihrem Rücken gegen sie verschworen zu haben, und keine Ruhe mehr geben.

»Der gehört mir. Den hatte ich schon immer. Man hat ihn mir geschenkt.«

»Wer hat ihn dir geschenkt? Hast du etwa Freunde? Nein, hast du nicht! Die Leute, die hierher zu Besuch kommen, sind *meine* Freunde!«

»Ich habe ihn auf der Straße gefunden.«

Sie konfiszierte den Ring, was mich sehr schmerzte. Mein Leben verrann Tag für Tag und ich hatte überhaupt nichts, nicht einmal einen Ring, nicht einmal einen Pullover. Ich würde nie entkommen. Meine Kindheitsträume, meine Pläne, alles hatte sich in Luft aufgelöst, war verloren. Ich würde bald achtzehn werden, und je älter ich wurde, desto tiefer versank ich im Unglück, in der Unwissenheit, in der Einsamkeit. Ich hatte alles vergessen, war von meiner Familie abgeschnitten, völlig isoliert, ohne Zukunft. Selbst wenn es mir je gelänge, nach Togo zurückzukehren, würden sich dort alle über mich lustig machen: Was, du hast all

128

die Jahre in Frankreich verbracht und kommst mit leeren Händen zurück, ohne Ausbildung, ohne Beruf, ohne Geld? Allmählich wagte ich gar nicht mehr, auf eine Rückkehr nach Afrika zu hoffen.

Sobald sich nur der geringste Hoffnungsfunke zeigte, erstickte Fabiola ihn. Allein die Idee, ich könne ein Geschenk erhalten oder mich einfach einen Moment lang des Lebens freuen, war Fabiola unerträglich. Eines Tages spielte ich mit den Kindern, da kam sie ins Zimmer. Doch die Kleinen waren so in ihr Spiel vertieft, dass sie sie überhaupt nicht beachteten. Das erboste Fabiola so sehr, dass sie mich sofort in die Küche schickte und bis zum Abend mit Arbeit überhäufte.

Ein anderes Mal traf ich auf dem Weg in den Keller eine alte Dame, die im Nachbarhaus wohnte. Sie hielt mich an. »Ich bekomme mit, wie viel Arbeit Sie erledigen. Man muss immer weitermachen, wie Sie es tun, ohne sich zu beklagen.«

Seltsamerweise haben mir diese wenigen Worte sehr gut getan. Seit Jahren hatte niemand mehr ein nettes Wort an mich gerichtet. Aber dennoch hatte jemand meine Anwesenheit bemerkt. Ich fühlte mich erleichtert, bestärkt.

Als ich wieder nach oben kam, war ich weniger traurig, mein Gesichtsausdruck hatte sich verändert. Fabiola merkte es sofort.

»Du hast mit jemandem geredet!«

»Nein.«

»Lüg nicht, ich weiß es.«

Es war wie verhext.

Sie hatte panische Angst davor, mich lächeln zu sehen, und kontrollierte manisch alles, was ich tat. Wenn ich zum Einkaufen ging, verfolgte sie mein Kommen und Gehen vom Fenster aus. Aus dem siebzehnten Stock beobachtete sie, wie ich die Straße überquerte, die Bäckerei betrat, danach zum Supermarkt wechselte. Ich bog links ab, dann rechts, nichts entging ihr. Wenn ich das Haus betrat, fing sie an, die Sekunden zu zählen, die ich für den Weg nach oben brauchte.

»Was hast du in der Eingangshalle getrieben? Warum hast du so lang im Lift gebraucht?«

Wenn ich die Kinder zur Schule bringe, treffe ich hin und wieder Bekannte, schließlich gehe ich diesen Weg seit drei Jahren. Dann versuchen sie ein wenig zu plaudern. »Wie geht's Fabiola? Daheim alles in Ordnung?«

Sobald ich zu Hause über die Schwelle trete, fällt sie über mich her. »Was hast du ihnen gesagt? Sowieso egal, das sind meine Freunde, sie erzählen mir alles weiter.«

»Ich habe mit niemandem gesprochen. Wenn die Leute irgendetwas über mich tratschen, dann weil ihnen etwas aufgefallen ist, aber von mir haben sie nichts erfahren.«

Einige Zeit später kam Orlande vorbei, Fabiola hatte sie eingeladen, ein afrikanisches Gericht zu probieren. Fabiola versprach, das Fleisch und Gemüse zu besorgen, Orlande sollte alle Zutaten für eine spezielle Sauce mitbringen: verschiedene Spinatsorten, frische Pistazien, Tomaten und Palmöl.

Als Orlande kam, war Fabiola noch beim Einkaufen. Wir machten ein wenig Smalltalk, dann kam Orlande auf unser früheres Thema zurück.

»Und? Hat sie sich verändert? Behandelt sie dich besser? Willst du immer noch hier bleiben?«

»Ich hätte Lust, von hier zu fliehen, aber ich könnte nirgendwohin. Ich weiß nicht einmal, ob es woanders nicht noch schlimmer ist.«

Diesmal hatte ich keine Sekunde mit der Antwort gezögert, denn ich war am Ende. Ich fürchtete Fabiola nicht mehr, gehorchte ihr nur, weil mir nichts anderes übrig blieb. Die Angst aber war von mir gewichen – und ihren Versprechungen glaubte ich schon lange nicht mehr. Ich wusste, dass sie nur ein weiteres Mittel darstellten, mich weiter hier zu halten.

»Du bist also bereit, mit meiner Hilfe zu fliehen? Gut. Wie stellen wir es am besten an, wann ist der günstigste Augenblick?«

»Ich verlasse praktisch nie das Haus. Und wenn ich einkaufen gehe, überwacht sie mich. Sonst bin ich nur in Begleitung der Kinder draußen.«

Ich gehe fast nie allein auf die Straße; fast immer sind die Kinder dabei – auf dem Schulweg, wenn ich sie zum Judo-Unterricht bringe oder wenn ich einkaufe. Das ist für Fabiola die beste Versicherung, dass ich keinen Fluchtversuch unternehme.

»Es muss an einem Sonntag passieren. Dann muss ich nur auf Alice aufpassen und kann mich während ihres Mittagschläfchens davonstehlen.«

»Gut«, sagte Orlande, »dann fahre ich am nächsten Sonntag mit dem Auto unten in die Tiefgarage. Dort warte ich auf dich. Um fünf Uhr nachmittags?«

»Lass dich aber nicht erwischen«, warnte sie mich. »Wenn sie uns zusammen sieht, macht sie mir gewaltigen Ärger. Sie ist zu allem fähig.«

Ich fand es interessant zu sehen, dass auch Orlande sich vor Fabiola fürchtete; sie kannte sie zu gut, um die Gefahr zu unterschätzen.

Am nächsten Sonntag war ich mit Fabiola und Alice allein in der Wohnung. Den ganzen Tag schlug mein Herz wie wild, ständig spukten die gleichen Fragen in meinem Kopf herum: Würde unser Plan funktionieren? Und wenn ich zur verabredeten Zeit nicht aus der Wohnung könnte?

Was, wenn Fabiola um diese Zeit ausgehen würde? Ich konnte doch Alice nicht allein zurücklassen. Und wenn Fabiola mir genau um fünf antragen würde, das Kind zu baden? Was, wenn die anderen Kinder früher als geplant vom Land zurückkämen? Ohnehin machte die Vorstellung mich schon traurig, dass ich ihnen nicht einmal Auf Wiedersehen würde sagen können. Wie würden sie ohne mich zurechtkommen?

Und dann nagte immer noch der Zweifel in mir, ob mir nicht Fabiola mit Orlandes Hilfe eine Falle stellte.

Um vier Uhr nachmittags brachte ich Alice ins Bett. Je näher die vereinbarte Stunde rückte, desto wilder schlug mein Herz. Ich hatte schreckliche Angst, war überzeugt, dass man mir unseren Plan vom Gesicht ablesen könne. Fabiola musste doch merken, wie aufgeregt ich war. Wenn sie nichts sagte, war das doch bloß der beste Beweis dafür, dass ich in eine Falle tappte. Sie wusste alles! Sie lag in ihrem Zimmer, tat so, als ob sie fernsehe, und ergötzte sich an meinem Leiden. An diesem Gedanken biss ich mich fest.

Etwa um halb fünf bat sie mich um eine Tasse Tee. Ich sagte: »Ja, sofort«, war aber in Gedanken so weit weg, dass ich ihn vergaß.

Kurz vor fünf nahm ich den Mülleimer, ging in die Diele und legte die Hand an die Wohnungstür.

»Ich bringe den Müll hinunter.«

Doch zornig rief sie mich zu sich: »Henriette, komm her!«

Der Mülleimer entglitt meinen Händen. Sie wusste also alles!

»Ich komme schon.«

Völlig geknickt betrat ich ihr Zimmer.

»Und? Was ist mit meinem Tee?«

»Ach, der Tee! Den habe ich in der Küche vergessen.«

Mit zitternden Händen brachte ich das Tablett herein, sie schien aber nichts zu bemerken.

Beim nächsten Anlauf gelang es mir, die Wohnung zu verlassen. Als ich die Tür hinter mir schloss, überfiel mich eine seltsame Traurigkeit. Über zwei Jahre hatte ich in dieser Wohnung verbracht. Aber jetzt musste ich fort. Ich besaß nichts außer den Kleidern, die ich am Leib trug: ein schwarzes T-Shirt und eine gestreifte Hose.

Ich nahm den Aufzug, leerte den Mülleimer – und zögerte kurz. Noch könnte ich wieder nach oben fahren. Ich hatte große Angst vor dem, was mich draußen erwartete. Und doch! Ich musste einfach weg von hier – um jeden Preis!

Ich betrat die Tiefgarage und sah Orlande in ihrem Auto am Lenkrad sitzen.

»Und? Hat sie dich gehen lassen? Fürchtest du dich?«, fragte Orlande. Sie sah, dass ich zitterte, und gab mir einen Mantel. Dann fuhren wir aus der Garage. Vielleicht beobachtete Fabiola uns von oben.

Während der Fahrt stellte ich ohne Unterlass Fragen. »Wer kümmert sich jetzt um die Kinder? Wer bringt sie zur Schule? Wer kocht für sie?«

»Hör auf! Lass all das hinter dir. Jetzt musst du an dich denken.«

Statt mich erleichtert zu fühlen, war ich nur unruhig. Sogar als wir bei Orlande ankamen, konnte ich nicht fassen, dass ich meiner Hölle entronnen war.

Orlande lebte mit ihrem Mann und einer kleinen Tochter in einer Dreizimmerwohnung im siebzehnten Arrondissement, nahe der Métro-Station Brochant.

»Sei nicht mehr traurig, es ist vorbei«, ermunterte sie mich beim Eintreten.

Als Erstes machte sie mir etwas zu essen, doch ich hatte keinen Appetit.

Da die Kleine noch bei den Eltern schlief, hatte Orlande sogar ein eigenes Zimmer für mich. Dort legte ich mich hin, machte aber kein Auge zu, obwohl ich mich völlig ausgelaugt fühlte. Statt zu schlafen, weinte ich.

Am nächsten Morgen fuhren Orlande und ihr Mann zur Arbeit, das Kind brachten sie vorher in die Krippe. Ich blieb ganz allein in der Wohnung und überlegte, in eine Ecke gekauert.

So verging eine ganze Woche. Ich war zwar frei, wusste aber mit dieser Freiheit nichts anzufangen.

»Willst du nicht deinen Vater anrufen?«

»Meinen Vater? Der hat keinen Finger gerührt, als ich ihn um Hilfe gebeten habe. Mit ihm bin ich fertig.«

»Und sonst willst du mit niemandem sprechen? Es täte dir vielleicht gut, dir alles von der Seele zu reden. Hast du keine Verwandten in Frankreich?«

»Doch, einen Onkel. Er ist der jüngere Bruder meines Vaters, aber ich habe ihn nicht mehr gesehen, seit ich ganz klein war. Ich weiß nicht einmal, wo er wohnt.«

Ich hatte nie versucht, mit ihm Kontakt aufzunehmen. Seit mein Vater mich mit den Worten »du bleibst in Frankreich« so vor den Kopf gestoßen hatte, wollte ich nicht mehr an ihn oder gar seinen Bruder denken.

»Trotz allem ist das doch deine Familie. Du solltest sie anrufen.«

Schließlich hatte Orlande mich überzeugt. Wir gingen hinunter, Orlande kaufte mir eine Telefonkarte und ich rief daheim an. Mein Vater ging an den Apparat. Zum ersten Mal seit drei Jahren hörte ich seine Stimme. Ich spürte einen Kloß im Hals, wusste nicht, was ich sagen sollte.

»Henriette, bist du das? Wie geht es dir?«

»Gut. Ich bin nicht mehr bei der anderen Frau, ich konnte fliehen.«

»Und was willst du jetzt machen? Ich bin weit weg, ich kann dir nicht helfen.«

»Ich könnte ja deinen Bruder anrufen.«

Vater gab mir eine Nummer, die ich Orlande diktierte.

»Siehst du? Ich hab dir ja gesagt, dass er nicht einmal den kleinen Finger rühren würde.« Aber ich regte mich darüber gar nicht auf, ich hasste ihn so sehr, dass er mir nicht mehr wehtun konnte.

»Aber irgendwo hat er doch Recht«, verteidigte Orlande ihn. »Von Afrika aus kann er wirklich nicht viel ausrichten. Ruf doch lieber deinen Onkel an.«

Das tat ich.

»Henriette? Das gibt's doch nicht!«, staunte mein Onkel, offenbar erfreut, von mir zu hören.

»Natürlich wusste ich, dass du in Frankreich lebst, ich habe sogar deinen Vater nach deiner Telefonnummer gefragt, doch er hat gesagt, er habe den Kontakt zu dir verloren, seit du zu einer anderen Familie gezogen bist.«

»Dort bin ich nicht mehr, ich konnte fliehen.«

»Was heißt das, du bist geflohen?«

»Mir ging es dort nicht gut, ich musste immer nur arbeiten, sonst nichts, ich habe keine Freunde und kenne niemanden.«

»Hör zu! Im Moment kann ich dir nicht helfen. Wie du vielleicht weißt, lebe ich in Brest ...«

Ich hatte keinen Schimmer, wo Brest lag.

»... aber ich komme dich bald besuchen. Dann finden wir schon eine Lösung. Gib mir einfach deine Adresse und deine Telefonnummer.«

Wochen vergingen. Bei Orlande ging es mir gut, ich besaß ein eigenes Zimmer, aß, so viel ich wollte, erledigte den

Haushalt und kümmerte mich um die Kleine, wenn sie aus der Krippe kam.

Ich ging nur wenig aus und selbst dann ging ich selten bis zum nächsten Häuserblock. Denn ich hatte ja keine Papiere und fürchtete eingedenk der Warnungen von Fabiola und Simone ständig, festgenommen zu werden. Wenn ich eine Polizeiuniform nur aus der Ferne sah, ergriff mich bereits Panik.

Orlande erleichterte mir das Leben, so gut sie konnte. Pro Monat bekam ich zweitausendfünfhundert Francs (ca. siebenhundertfünfzig DM) Taschengeld. Ich strahlte vor Freude: Zum ersten Mal verdiente ich Geld. Davon kaufte ich mir zuerst etwas Kleidung und schickte dreitausend Francs an meine Mutter. Doch was die Papiere anbelangte, konnte mir auch Orlande nicht helfen.

»Vielleicht weiß dein Onkel Rat.«

Drei Monate später meldete sich mein Onkel endlich – er stand unten im Hauseingang. Überglücklich lief ich hinunter und ließ ihn herein. Obwohl ich ihn seit meiner Kindheit nicht mehr gesehen hatte, erkannte ich ihn sofort. Er sah meinem Vater ziemlich ähnlich, trug ein gestreiftes T-Shirt und eine Jeans.

Gemeinsam fuhren wir nach oben, ich stellte ihm Orlande vor. Als wir uns gemütlich im Wohnzimmer niedergelassen hatten, erzählte ich ausführlich von meiner Zeit bei Fabiola. Ich genoss es, nach so langer Zeit wieder mit einem Verwandten zu sprechen. Er hörte mir geduldig zu, sagte kein Wort, nickte nur hin und wieder mit dem Kopf. Als ich meine Geschichte beendet hatte, wandte er sich an Orlande.

»Und Sie haben sie bei sich aufgenommen?«

»Ja. Ich habe sie von dort weg und in Schutz gebracht, damit sie sich einen Beruf suchen und ihre Zukunft planen kann. Aber mit ihren Papieren kann ich ihr nicht helfen.«

»In diesem Fall haben Sie nichts mehr mit ihr zu schaffen.«

Mir blieb das Herz stehen.

Seine Miene war undurchdringlich.

»Henriette, hör mir jetzt genau zu. Ich habe Fabiola angerufen, bevor ich hierher gekommen bin. Wir haben uns lange unterhalten und sie ist ein guter Mensch. Sie hat übrigens auch viel Gutes über dich gesagt. Ich weiß nicht, was dich dazu getrieben hat, von dort wegzugehen. Fabiola kennt Anwälte und hochgestellte Persönlichkeiten. Sie wird sich um deine Papiere kümmern. Wenn dir etwas an deiner Zukunft liegt, dann musst du unbedingt zu ihr zurück.«

»Aber sie hat mich nicht einmal zur Schule gehen lassen! Den ganzen Tag musste ich schuften und bekam nur Reste zu essen!«

Mein Onkel schüttelte den Kopf.

»Nein, nein, nein, sie hat dich bestens behandelt, dir hat es an nichts gefehlt.«

»Aber sie hat mir nie etwas gezahlt!«

»Sie wird dir dein Geld geben, das hat sie mir versprochen. Außerdem habe ich mich mit ihrem Mann unterhalten. Sehr sympathisch!«

»Ich durfte die Wohnung nicht verlassen!«, protestierte ich, doch er hörte mir überhaupt nicht zu.

Orlande schritt ein. »Ich kenne diese Frau, sie ist ein bösartiges Weib.«

»Jetzt hören Sie einmal zu! Sie haben sie hierher gebracht, sie besitzt keine Papiere und die Polizei könnte Sie verhaften, weil Sie eine Person ohne Aufenthaltsgenehmigung bei sich untergebracht haben.« Der Tonfall meines

Onkels war scharf geworden. Orlande erhob sich. »So ist das also? Und ich dachte, ich erweise Ihrer Nichte einen Gefallen ... Nehmen Sie sie doch mit, ich will nichts mehr mit ihr zu tun haben. Am Ende bekomme ich wegen dieser Angelegenheit noch Scherereien.«

Entsetzt glotzte ich die beiden an. Ich war sprachlos.

»Gut, pack deinen Koffer!«, befahl mein Onkel. Ich war wie vom Blitz getroffen, zum Tode verurteilt, fassungslos. Vernichtet suchte ich meine Sachen zusammen.

Als wir am Bahnsteig der Métro standen, dachte ich daran, mich vor den Zug zu werfen. Ich weiß nicht, was mich zurückgehalten hat.

Während der Fahrt versuchte ich nicht einmal, meinen Onkel umzustimmen. Es wäre zwecklos gewesen, er hatte bereits entschieden, bevor er mich gesehen hatte. Als ich ihm meine Geschichte erzählte, hatte Fabiola ihn schon längst manipuliert, um den kleinen Finger gewickelt. Und wenn ich mir den Mund fransig geredet hätte, er hätte mir einfach nicht zugehört.

Während der ganzen Zeit sprachen wir kein Wort. Wir standen wieder am Fuße des Wohnhauses. Plötzlich schrie er mich an: »Lass mich nicht noch einmal von der Bretagne herkommen. Du bezahlst ja die Zugfahrkarten nicht! Ich will nicht erfahren, dass du noch einmal geflohen bist. Du bist zu naiv, du glaubst einfach alles.«

Fabiola öffnete die Wohnungstür. Es war Sonntag, sie war allein zu Haus. Im Wohnzimmer lief der Fernseher. Mein Onkel blieb im Flur stehen. »Madame, ich will mich gar nicht lange aufhalten. Ich habe Ihnen versprochen, sie zurückzubringen, und hier ist sie. Mit dem Geld und den Papieren sind wir uns einig?«

Ich hob den Blick.

»Was ist mit den Papieren?«

»Dein Vater sorgt dafür, dass Simone deinen Pass herausgibt. Den schickt er dann an Madame Calmar, die sich um eine ständige Aufenthaltsgenehmigung für dich kümmern wird.«

»Und mein Lohn?«

»Den bekommst du jeden Monat von Madame. Wenn nicht, komme ich persönlich und treibe ihn ein.«

Mit diesen Worten verabschiedete sich mein Onkel. Er musste seinen Zug erwischen. Fabiola musterte mich.

»Was hast du in deiner Tasche?«

Sie durchsuchte meine Sachen und nahm mir alle Kleidungsstücke weg, die ich mir gekauft hatte.

»Diese Sachen sind nicht gut für dich! Ich verbiete dir, sie im Haus anzuziehen!«

Über meine Flucht verlor sie kein Wort. Sie wollte mich und sie hatte mich zurück – das genügte ihr. Drohen musste sie mir nicht, denn sie hatte mich völlig in der Hand. Was den Rest meiner Geschichte anging, hatte mein Onkel ihr bereits alles erzählt, was sie interessierte. Ein Mitglied meiner eigenen Familie hatte mich zu ihr zurückgebracht – ihr Triumph war vollkommen.

»Gut. Ich brauche dir ja nichts zu zeigen, du weißt, was du zu tun hast.«

Auch diesen Sonntag verbrachten die Kinder mit François auf dem Land und wie üblich kochte ich für sie das Abendessen und richtete ihre Sachen für den Montag her. Dann ließ ich ein Bad ein, denn sie mussten jeden Moment eintreffen. In der Küche fand ich meinen Hocker und meinen Plastikteller. Nichts hatte sich verändert. Ich wollte nicht mehr leben.

Dann kamen die Kinder. Ich hörte die Stimme von Clémence, dann kam sie in die Küche und sah mich.

»Valentin, Henriette ist da!«, rief sie voller Freude.

139

»Lüg nicht! Die ist gegangen!«, sagte Valentin, kam aber trotzdem in die Küche. Als er mich erkannte, sprang er mir an den Hals.

»Wo warst du? In Afrika? Was hast du gemacht? Was hast du uns mitgebracht? Warum bist du zurückgekommen?«

»Weil deine Mutter wollte, dass ich zurückkomme, und mein Onkel mich zurückgebracht hat. So, und jetzt badet ihr und dann gibt es was zu essen!«

François sah ich am ersten Abend gar nicht, er hatte die Kinder einfach durch die Eingangstür geschoben und war sofort in sein Büro gestiegen. Fabiola sah in ihrem Zimmer fern.

Als ich die Kinder ins Bett brachte, baten sie mich: »Bitte erzähl uns eine Geschichte. Mama erzählt uns nie Geschichten aus Afrika.«

So erzählte ich ihnen eine Geschichte aus meiner Heimat, konnte aber bald die Tränen nicht mehr zurückhalten.

»Warum weinst du, Henriette? Bist du traurig? Denkst du an deine Familie?«

Da begann ich erst richtig zu heulen. Ich floh aus dem Zimmer, ohne das Ende der Geschichte zu erzählen. Ich konnte einfach nicht mehr.

Als Monsieur aus seinem Büro herunterkam, sagte er bei meinem Anblick nur: »Sieh an, die Rückkehr der verlorenen Tochter.«

Ich schwieg.

»Was gibt es zu essen?«

Ich hatte gedämpften Reis und Brathähnchen gemacht, weil die Kinder und François das gerne mochten. Monsieur erkundigte sich, ob Fabiola schon gegessen habe. Als ich verneinte, holte er sie aus ihrem Zimmer. Gemeinsam aßen sie im Wohnzimmer zu Abend.

Niemand fragte, ob ich hungrig war.

Fabiola war übrigens schon wieder schwanger – und ich musste ihre Launen ertragen: Ständig kam sie mit neuen Wünschen.

»Ich habe solche Lust auf Kuchen! Ich habe solche Lust auf Salat!« So ging es die ganze Zeit und ich durfte nichts als schuften.

Wenn das Gewünschte dann fertig war, wollte sie es plötzlich nicht mehr, sondern stattdessen etwas ganz anderes. Sie kaufte die verschiedensten Dinge im chinesischen Lebensmittelgeschäft an der Ecke, bat mich, irgendwelche Mahlzeiten zuzubereiten, probierte sie und verlangte etwas anderes. Ich stand den ganzen Tag in der Küche und fand kaum mehr Zeit, mich um die Kinder zu kümmern, sie von der Schule abzuholen, ihnen eine Brotzeit herzurichten, sie zu baden und ins Bett zu bringen.

Mamie freute sich, dass ich zurückgekommen war. Bei mir wusste sie die Kinder in guten Händen. Sie gab mir ihre Telefonnummer und sagte: »Wenn du reden willst, ruf mich an. Ich verspreche, dass ich François oder Fabiola gegenüber kein Wort erwähne.«

Aber wozu sollte das gut sein? Ich würde mir nur neue Scherereien einhandeln. Mamie konnte nichts für mich tun, und schlimmer noch: Im Zweifelsfall würde sie immer für ihren Sohn Partei ergreifen, nicht für mich. Blut ist schließlich dicker als Wasser.

Einige Wochen nach meiner Rückkehr zog Sabria, Fabiolas älteste Schwester, für einige Monate zu uns. Sie lebte eigentlich in Afrika, richtete sich aber bei uns recht häuslich ein. Ich musste ihr Frühstück machen und ihre Kleidung bügeln, alles natürlich zusätzlich zu der gewohnten Arbeit. Wenigstens bedankte sie sich. Im Gegensatz zu Fabiola trachtete sie nicht danach, mich zu demütigen –

aber sie machte auch nicht die geringsten Anstalten, mich in Schutz zu nehmen.

»Meine Schwester ist kein guter Mensch, trotzdem kümmerst du dich rührend um die Kinder. Gott wird dir alles vergelten, was du für sie tust.«

Manchmal erkundigte sie sich nach meiner Familie, nach meinen Plänen für die Zukunft. In ihr hatte ich endlich jemanden gefunden, mit dem ich hin und wieder plaudern konnte.

Eines Tages rief Kenza von der Insel Réunion an. Ich nahm ab.

»Bist du das, Henriette? Sabria hat mir schon erzählt, dass du zurückgekommen bist. Drei Jahre bin ich bei ihr geblieben, und weißt du, was ich dir sage: Auch wenn sie meine Schwester ist, für mich ist sie gestorben. Fabiola ist kein Mensch, sondern ein bösartiges Tier. Und wenn du zehn Jahre für sie schuftest, am Ende stehst du mit leeren Händen da.«

Noch eindringlicher als vorher warnte sie mich vor Fabiola, erzählte im Detail, wie Fabiola mit ihr umgesprungen war, ihre Sachen durchwühlt und systematisch ihre Freunde vergrault hatte, bis Kenza schließlich niemanden mehr hatte.

Da auch Kenza keinen Lohn bekommen hatte, hatte sie sich ein Taschengeld verdient, indem sie bei Mathilde putzte, der Dänin, die einen Stock unter Fabiola wohnte. Doch dann stiegen Mathildes Telefonrechnungen urplötzlich in astronomische Höhen – wegen der Telefonate nach Afrika. Natürlich verdächtigte Mathilde Kenza. Als sie Fabiola auf diese Angelegenheit ansprach, sagte die lapidar: »Dann wirf sie doch hinaus.«

Doch dann verriet Kenza Mathilde, dass Fabiola heimlich herunterkam, während Kenza bei Mathilde putzte, und von dort aus telefonierte. Mathilde konnte diese Version kaum glauben, willigte aber trotzdem ein, sich in der Wohnung zu verstecken, wenn Kenza das nächste Mal zum Putzen kam. Und kaum hatte Kenza zu arbeiten angefangen, als – Überraschung! – tatsächlich Fabiola ins Zimmer geschlichen kam, es sich auf dem Sofa bequem machte und Freunde in Afrika anrief. Da schlüpfte Mathilde aus ihrem Versteck und erwischte sie auf frischer Tat. Vor Scham und Verwirrung wurde Fabiola knallrot, erfand eine blödsinnige Ausrede und verdrückte sich schnell.

»Dieses Weib ist die personifizierte Bösartigkeit«, sagte Kenza. »Es tut mir richtig weh zu wissen, dass sie dich in ihren Klauen hält, dass du jetzt so lebst, wie ich früher gelebt habe.«

Aber ich hatte ja nicht die Möglichkeit, nach Réunion zu fliehen – und im Grunde träumte ich nicht einmal mehr davon, ein eigenständiges Leben zu führen. Wohin ich mich auch wandte, ich sah keinen Ausweg. Seit mein eigener Onkel mich hierher zurückverschleppt hatte, erhoffte ich nichts mehr, plante ich nichts mehr, dachte ich nicht einmal mehr nach. Sondern gehorchte einfach.

Einige Wochen nach meiner Rückkehr erhielt Fabiola Post von meinem Vater. Mein Pass! Simone war in Lomé gewesen und Vater hatte so lange Druck auf sie ausgeübt, bis sie ihn herausrückte.

Doch ich bekam ihn gar nicht in die Hände. Fabiola sagte: »Den behalte ich besser. Ich muss ihn nach Afrika zurückschicken, um dir dort gültige Papiere ausstellen zu lassen. Ich werde dich einfach als meine Schwester ausgeben.«

Fabiola selbst hatte die französische Staatsbürgerschaft und versprach, dass mein Fall daher zügig bearbeitet würde.

In Wirklichkeit schlief die Angelegenheit schnell wieder

ein und lieferte Fabiola sogar einen neuen Vorwand, mich nicht zu bezahlen. Als ich sie um meinen Lohn bat, lautete die Antwort: »Es kostet einen Haufen Geld, dir neue Papiere ausstellen zu lassen. Wenn sie endlich da sind, rechne ich meine Auslagen ab und zahle dir den Rest aus.«

Als das Ende ihrer Schwangerschaft näher rückte, wurde mein Leben noch schlimmer. Sie übergab sich oft mitten im Zimmer oder im Bett. Jeden Tag musste ich die Laken wechseln. Ironischerweise löste ich selbst diese Übelkeitsanfälle aus: Sie konnte meinen Anblick einfach nicht mehr ertragen. Jedes Mal, wenn sie mich sah, warf sie mir Beleidigungen an den Kopf. Man hätte meinen können, dass ich sie allein dadurch belästigte, dass ich ihr zum Beispiel im Gang begegnete. »Du bist ein hinterhältiges Weib, eine Hexe, du hast eine schwarze Seele«, zischte sie dann.

Ständig machte sie mich herunter; am liebsten hätte ich mich in einem Loch vergraben, um nie wieder herauszukommen. Wenn Fabiola mich ankeifte, wirkte sie vom Ausdruck oder ihren Gesten so völlig unmäßig, dass man fast darüber hätte lächeln können. Simone war hartherzig, aber Fabiola war grausam. Simone hatte mich ausgebeutet, aber Fabiola wollte mich hauptsächlich demütigen, so klein machen, bis ich durch eine Ritze im Boden verschwinden würde. Manchmal wäre es mir lieber gewesen, wenn sie mich geschlagen hätte.

»Schau dich doch einmal an! Was bist du nur für ein jämmerliches Wesen!«

So ging das ohne Ende, bis sie mit Julien niederkam.

Jetzt gab es wieder ein Baby im Haus und alles ging von vorne los. Ich wusste gar nicht mehr, wo mir der Kopf stand, kam überhaupt nicht mehr dazu, mich einmal hinzusetzen. Zusätzlich zur normalen Hausarbeit musste ich nun vier Kinder, darunter einen Säugling, anziehen, waschen, ernähren und zu Bett bringen.

Wenigstens schlief die kleine Alice gut und ließ mir Zeit zum Arbeiten. Doch Julien war recht schwierig, schlief schlecht ein und wachte beim kleinsten Anlass sofort auf. Ständig musste ich ihn tragen, ihn in den Armen wiegen, ihm ein Fläschchen machen. Sobald ich ihn hinlegte, fing er zu brüllen an und hörte gar nicht mehr auf. Fabiola hatte sofort eine passende Erklärung parat.

»Kein Wunder, dass mein Sohn böse ist, schließlich habe ich meine Schwangerschaft Seite an Seite mit einem bösartigen Mädchen verbracht. Du bist schuld, wenn er dauernd schreit, er kann deine Fresse einfach nicht ertragen.«

Sie selbst kümmerte sich nie um ihn.

Eines Abends brüllte er pausenlos und ich war mit meinem Latein am Ende. Da stand Sabria, Fabiolas Schwester, auf und trug das Baby in Fabiolas Zimmer.

»Da, nimm!«, sagte sie. »Kümmere dich um das Kind, schließlich hast du es auch zur Welt gebracht.«

Fabiola schämte sich, murrend nahm sie das Baby und sang ihm ein Lied vor. Julien beruhigte sich tatsächlich – das war übrigens das erste Mal, dass Fabiola ihn in den Arm genommen hatte.

Bis zu Juliens Geburt war ich eher rebellisch gewesen, doch danach schwanden mir zusehends die Kräfte. Die Anstrengungen laugten mich aus, alles tat mir weh. Morgens kam ich kaum aus dem Bett und schleppte mich mühsam durch den Tag.

Währenddessen fläzte sich Fabiola neben ihrer Schwester auf der Couch und verspottete mich. »Schau mal, sie schlurft wie eine alte Frau.«

Auf den Spott folgten Beleidigungen. »Du bist zu gar nichts gut!«

Ich war am Ende meiner Kräfte. Dies umso mehr, als es seit meiner Rückkehr keine Spülmaschine mehr in der Wohnung gab. Vielmehr: Es gab eine brandneue, aber sie war nicht angeschlossen. Eines Nachts kam François spät heim, fand mich am Spülbecken und fluchte.

»Ich werfe die blöde Maschine noch aus dem Fenster! Warum funktioniert sie nicht? Fabiola! Warum spült Henriette noch um Mitternacht ab?«

Fabiola kam aus ihrem Zimmer.

»Ich habe die Bedienungsanleitung verloren.«

François stieß einen Seufzer aus und ging zu Bett.

Seit meiner gescheiterten Flucht hatte Fabiola mir das Paket Cornflakes entzogen, ich bekam überhaupt kein Frühstück mehr. Mittags, wenn Fabiola mit ihren Cornflakes fertig war, ließ sie mich den Rest aus ihrer Schüssel auftrinken. Das war dann meine erste Mahlzeit. Abends bekam ich – wenn Fabiola Lust hatte – die kalten, abstoßenden Reste von den Tellern der anderen. Zuerst versuchte ich, mich im Kühlschrank selbst zu bedienen, aber Fabiola wurde immer misstrauischer, nachdem sie bemerkt hatte, dass ich an manchen Abenden die Reste verweigerte, die sie mir zukommen ließ. Und so fing sie an, die Hühnchenstücke und Wurstscheiben im Kühlschrank zu zählen und den Pegelstand der Suppe in der Schüssel zu markieren. Ich konnte nichts mehr nehmen, ohne dass sie es mitbekam.

Wenn im Obstkorb Früchte fehlten, trommelte sie die Kinder zusammen.

»Valentin, welches Obst hast du gegessen? Clémence, hast du die Bananen genommen?«

Zum Glück gab Sabria mir hin und wieder Obst und behauptete, sie hätte es gegessen, wenn Fabiola nachfragte. Und wenn Sabria ausging, brachte sie mir Kuchen oder ein Eis mit.

Aber ich aß auch deswegen immer weniger, weil mir der Appetit vergangen war. Anfangs schwindelte ich mich mit dem Essen durch, auch wenn Fabiola mir nichts gab. Ich stahl Nahrungsmittel und schob die Schuld im Zweifelsfall auf die arme Alice, die kaum sprechen konnte. Aber später hatte ich einfach keinen Hunger mehr. Ich wurde immer schwächer, litt häufig unter Kopfweh und Schwindelanfällen.

Sechs Monate nach Juliens Geburt zogen wir um, allerdings nur innerhalb des Hauses, in eine Vierzimmerwohnung im dreizehnten Stock. Valentin, Clémence und Alice teilten sich ein Zimmer. Sabria, Julien und ich schliefen ebenfalls in einem Zimmer: Julien im Kinderbettchen, Sabria auf der Bettcouch, ich auf der Matratze, die ich jeden Abend neben das Bettchen zog.

Sabria schnarchte wie ein Flusspferd und brachte nicht nur mich, sondern auch Julien um den Schlaf. Oft wachte er auf und fing an zu brüllen, dann musste ich ihn ins Wohnzimmer tragen und wieder beruhigen. Sobald er einnickte, brachte ich ihn in sein Zimmer zurück – wo ihn Sabrias Schnarchen sofort wieder aufweckte.

Ich schlief kaum noch. Früher war ich vor Erschöpfung umgefallen und hatte wie ein Stein geschlafen. Damals hegte ich ja immer noch die Hoffnung, dass ich zur Schule gehen würde, sobald Alice älter wäre. Doch mit Juliens Geburt hatte sich auch diese Hoffnung zerschlagen. Jetzt blieb mir nur noch Angst: die Angst zu sterben, ohne einen einzigen Traum verwirklicht zu haben.

Wenn ich dann schlief, plagten mich oft Alpträume. Manchmal irrte ich in einer riesigen Menge unbekannter Menschen umher, manchmal war ich von Monstern umzingelt. Entsetzt wachte ich auf und fasste an die Goldkette, die meine Mutter mir geschenkt hatte.

Dank Sabria, die mir eine Telefonkarte geschenkt hatte, konnte ich in Afrika anrufen. Eine meiner Halbschwestern ging an den Apparat. Vater war dienstlich unterwegs, Mama lebte nicht mehr im Haus. Sonst gab es kaum etwas zu besprechen.

»Geht es dir gut?«, fragte meine Halbschwester.

»Ja, mir geht's gut.«

Dann legte ich auf. Ich fühlte mich so unendlich weit entfernt von diesen Leuten, von der ganzen Welt. Nichts lag mir noch am Herzen, ich fühlte nichts mehr. Ich vegetierte dahin wie ein Zombie, ohne Wünsche, ohne Pläne. Um mich herum war es Nacht geworden.

Manchmal ging ich ans Fenster und beobachtete die Menschen, unten auf der Straße. Der Gedanke, mich hinunterzustürzen, schoss mir durch den Kopf. Niemand wollte mich und nach Afrika konnte ich nicht zurück. In solchen Augenblicken fasste ich an die Goldkette und spürte einen kurzen Moment lang die Anwesenheit meiner Mutter ...

Eines Tages kam Alice in mein Zimmer und sah überrascht, dass ich heulte. Sie kam näher.

»Nicht weinen, Henriette! Wenn ich einmal groß bin, werde ich viel Geld haben. Dann gehen wir von hier weg. Mama ist gemein.«

Trotz meiner Tränen musste ich lächeln. Ich umarmte Alice. Ohne die Kinder wäre ich wahrscheinlich durchgedreht. Ich war nicht mehr ich selbst, bei meinem Anblick musste man erschrecken.

Fast jeden Freitag empfing Fabiola Gäste zum Essen. Ich bediente die Gesellschaft, François lachte laut und Fabiola gab sich als vollendete Gastgeberin. Eines Abends lobte ein Gast, ein Iraner, meine Kochkunst über den grünen Klee. Ständig erkundigte er sich: »Wer hat das gekocht? Das schmeckt ja köstlich! Und diese Sauce erst ...«

»Das war Henriette.«

Als ich ins Wohnzimmer kam, um den nächsten Gang zu servieren, fragte er mich: »Aber warum bist du so traurig? Warum so abwesend?«

Schnell antwortete Fabiola statt meiner: »Beachten Sie sie gar nicht, sie will nur Mitleid schinden.«

Vor den Gästen zeigte sich Fabiola von ihrer besten Seite, einmal jedoch verlor sie vor etlichen Zeugen die Nerven.

An jenem Abend empfing sie ihre enge Freundin Madame Dioulasso, deren Kinder und einige Freunde aus Marokko. Madame Dioulasso war eine Sandkastenfreundin Fabiolas, kam von der Elfenbeinküste, lebte in Benin und reiste durch ganz Afrika, um mit Kleidung, Schmuck und Tuch zu handeln.

Kürzlich hatte sie Fabiola eine große Tasche voller Ware zur Aufbewahrung gegeben. Weil unsere Wohnung schon zu vollgestopft war, musste ich die Tasche in den Keller tragen.

An jenem Abend nun bat Fabiola mich, die Tasche zu holen. Das tat ich. Madame Dioulasso öffnete sie und sagte: »Das ist die falsche.«

Sofort fuhr Fabiola mich an. »Was hast du jetzt schon wieder getan? Du machst nur Fehler!«

»Nein! Das ist die Tasche, die ich in den Keller gebracht habe!«

Sie konnte nicht ertragen, wenn ich ihr widersprach. Sie warf mich aus der Küche, packte mich am Arm und schüttelte mich wie einen Apfelbaum. Verrückt vor Zorn schrie sie: »Hört euch an, wie sie mit mir redet! Ich habe genug von diesem Mädchen! Scher dich fort von hier, ich will dich nicht mehr sehen!«

Ich ging in mein Zimmer, holte meinen kleinen Koffer und war fest entschlossen zu gehen. Auch wenn ich diese

Nacht unter einer Brücke schlafen müsste – Hauptsache, ich kam fort aus diesem Haus.

In der Diele hielt Madame Dioulasso mich zurück: »Jetzt warte doch, setz dich eine Minute hin, hör nicht auf sie.«

In der Küche versuchten die anderen verzweifelt, Fabiola zu beruhigen.

»Ich werde ihren Onkel anrufen und ihm sagen, wie ungezogen sie ist!«, schrie Fabiola.

Dann ging sie in ihr Zimmer, um zu telefonieren. Nach einigen Minuten kam sie zurück. »Henriette, geh und sprich mit deinem Onkel.«

»Was höre ich da?«, fragte er. »Du benimmst dich den Leuten gegenüber schlecht, die dir helfen wollen? Du gehorchst nicht? Ich weiß nicht, was du dir so vorstellst, aber wenn das weitergeht, dann wirst du mit leeren Händen nach Togo zurückkehren.«

Da vergaß ich allen Respekt, den ich dem Bruder meines Vaters schuldete, und schrie in den Hörer.

»Das ist mir scheißegal! Ich verlasse dieses Haus nicht, um nach Togo zurückzugehen, sondern um mich vor ein Auto zu werfen!«

Ich knallte den Hörer auf die Gabel und rauschte in mein Zimmer. Kurz darauf kam Fabiola. Sie hatte sich wieder gefangen, vielleicht beeindruckt von meinem Wutausbruch. Plötzlich fürchtete sie, ich könnte wirklich gehen. Sie versuchte, mich zu beruhigen.

»Ich habe dir doch immer gesagt, dass du noch ein bisschen hier bleibst, bis die Kinder ein wenig größer sind.«

Zunehmend schwanden mir die Kräfte, bald konnte ich kaum noch Treppen steigen oder die schweren Taschen im Keller heben.

Ständig ließ Fabiola mich den Keller umräumen, der zu einem zusätzlichen Zimmer der Wohnung geworden war.

Dort stapelten sich Kleidungsstücke und gemischter Krimskrams, Konservendosen, Töpfe, Geschirr. Jeden Tag musste ich zwei, drei Mal in die kalten, dunklen Betongänge hinuntersteigen. Es schien Fabiola ein boshaftes Vergnügen zu bereiten, mich hinunterzuschicken, sei es um einen Koffer zu holen, einen Sack Reis oder eine Kostümjacke.

Sie kontrollierte genau, wie lange ich für jeden Gang brauchte, überwachte mich ständig, ließ mir keine Sekunde Ruhe.

Selbst unter der Dusche hatte ich jetzt keine Intimsphäre mehr. In der neuen Wohnung gab es zwei Bäder: das Bad der Eltern, das ich nur betreten durfte, um dort zu putzen, und das Kinderbad am anderen Ende des Gangs. Das benutzte ich, aber Fabiola hatte mir verboten, die Tür zu schließen – unter dem Vorwand, dass der Dampf die Farbe lösen würde. Wenn ich unter der Dusche war, stand die Badezimmertür also weit offen, allein der Duschvorhang aus Plastik schützte mich vor Blicken. Nach zwei Minuten griff Fabiola in die Dusche und dreht den Hahn ab.

»Du verschwendest heißes Wasser! Strom ist teuer.«

Was sollte ich tun, wenn ich mich gerade erst eingeseift hatte? Ich konnte doch mitten im Winter nicht eiskalt duschen. Also versuchte ich so weit wie möglich, mich nur noch zu waschen, wenn Fabiola die Wohnung verlassen hatte.

Sabria verbrachte die meisten Tage in der Wohnung, aber natürlich half sie mir nicht. Entweder sah sie fern oder warf Kaurimuscheln auf den Wohnzimmertisch, aus denen sie die Zukunft las.

Eines Tages beugte sie sich gerade über die sieben Muscheln, als ich das Zimmer betrat.

»Henriette, bald wirst du mit erhobenem Haupt gehen. Dann erwartet dich eine großartige Zukunft«, verkündete sie.

Ich lächelte und vermutete, sie habe schon wieder einen neuen Frondienst für mich, wisse aber noch nicht, wie sie mich darum bitten solle.

Kurz zuvor hatte ich beschlossen, wieder zu lächeln. Mein Leben sollte nicht still verglühen, ich hatte keinen Grund, Fabiola auch noch mein Lächeln zu opfern. Schließlich war ihr mein Schicksal völlig egal, sie lebte ihr Leben, während ich vor die Hunde ging. Trotz meines Unglücks und meiner Schwäche begann ich also wieder zu lächeln, hauptsächlich im Umgang mit den Kindern. Meine Revolte bestand darin zu lächeln.

Meine innere Rebellion gab mir ein wenig Kraft zurück; wann immer sie mich zum Einkaufen oder zum Putzen in François' Büro schickte, nutzte ich die Freiheit, um durchzuschnaufen. Wenn ich aus dem Haus kam, ging ich absichtlich direkt an der Mauer entlang oder mischte mich unter eine Menschenmenge, damit Fabiola mich von oben nicht sehen konnte. So schnell ich konnte, rannte ich zur nächstgelegenen Kirche, kniete vor der Madonna nieder und betete.

»Ich weiß nicht, wie ich von dort entkommen soll. Nur du, Mutter Gottes, kannst mir noch helfen, ich vertraue dir mein Leben an. Meine Eltern lieben mich nicht, niemand mag mich, doch Gott kann mich nicht verlassen, schließlich hat er mich in diese Welt gesetzt.«

Eines Tages schickte mich Fabiola in den Keller, ich sollte dort alte Spielsachen für Julien herauskramen. Julien war fast ein Jahr alt und begann schon, auf allen Vieren herumzukriechen.

Im Keller schaltete ich die Taschenlampe an, um genauer

zu sehen und nicht alle paar Minuten zum Zeitschalter laufen zu müssen, um das Licht wieder einzuschalten.

Da kam Mathilde, die dänische Nachbarin, mit ihrem Mann vorbei.

»Ganz allein im Keller? Du traust dich ja einiges! Hast du keine Angst?«

»Doch.«

»Ich selbst komme nur in Begleitung meines Mannes hier herunter. Was treibt Fabiola? Und François? Warum kommt er nicht mit?«

Stumm suchte ich weiter nach Spielsachen. Wenig später stiegen Mathilde und ihr Mann wieder nach oben. An der Tür klebten sie Klebeband über den Zeitschalter, damit das Licht nicht ständig ausging.

Mehr denn je stellten solche flüchtigen Begegnungen mit Nachbarn meine einzige Verbindung zur Außenwelt dar.

Auch Geneviève und ihr Mann lebten in unserem Haus und kamen oft zu Besuch. Manchmal traf ich Geneviève im Park, sie war immer sehr nett zu mir. Sie gehörte zu den ganz wenigen Freunden der Familie Calmar, die bemerkten, dass ich litt. Einmal ermahnte sie sogar Fabiola, dass ich in die Schule gehen müsse. Fabiola antwortete, sie würde sich darum kümmern, sobald Julien ein wenig älter wäre.

Geneviève hatte einen kleinen Jungen, Théo, in Alices Alter. Eines Tages klingelte sie bei uns und schlug Fabiola vor: »Henriette kommt praktisch nie aus dem Haus. Soll ich sie und die drei Großen mit in den Park nehmen? Dann könntest du eine Zeit lang mit Julien allein verbringen.«

»Nein, nein, sie soll Julien auch mitnehmen, ich habe keine Zeit für ihn.«

Und so brachte ich alle vier Kinder in den Park. Dort setzten Geneviève und ich uns auf eine Bank.

»Henriette, ich habe bemerkt, dass die Calmars dich übel behandeln. Ich weiß, dass du keine Papiere hast, aber mein Mann hat Leute gefunden, die dir gerne helfen würden. Bei ihnen könntest du ein wenig Geld verdienen und später nach Afrika zurückkehren.«

Zu jenem Zeitpunkt verspürte ich aber überhaupt keine Lust, nach Togo zurückzugehen und meine Familie wiederzusehen. Ich rief nicht mehr daheim an, dachte kaum noch an sie – und wenn, dann voller Bitterkeit. Deswegen lehnte ich den Vorschlag ab: Ich wollte zwar weg von Fabiola, aber nicht zurück nach Afrika.

Dort vermisste mich niemand, alle würden mich auslachen. Und wozu sollte es gut sein, hier bei einer anderen Familie anzuheuern? Nur um der nächsten Fabiola oder Simone in die Hände zu fallen?

Bei anderer Gelegenheit schlug Geneviève vor, uns alle ins Schwimmbad mitzunehmen. Doch Fabiola lehnte ab.

»Das geht nicht, Henriette hat noch eine Menge zu tun. Du kannst aber Alice und Clémence mitnehmen, wenn du willst.«

Als die Kinder wieder zurückkamen, muss Clémence ihrer Mutter irgendeinen Unsinn erzählt haben, dass sie nackt in der Umkleide gewesen sei und Théo mit Alice gespielt habe ... Fabiola rannte zum Telefon und rief Geneviève an.

»Ihr Sohn hat meine Tochter berührt! Dieser Bengel ist ein Nichtsnutz, ich verbiete, dass Sie jemals wieder in die Nähe meiner Kinder kommen!«

Ich durchschaute sie: Fabiola machte aus einer Mücke einen Elefanten, um Geneviève loszuwerden, die allmählich zu viele Fragen stellte. Dieser Vorwand kam Fabiola deshalb sehr zupass. Der Plan funktionierte: Geneviève war stocksauer und kam nie wieder. Manchmal traf ich sie auf der Straße, wenn ich die Kinder in die Schule brachte, dann tauschten wir kurz Höflichkeiten aus. Sobald ich danach in die Wohnung zurückkam, fing Fabiola unweigerlich zu predigen an.

»Das sind keine guten Menschen! Seit zehn Jahren kennen wir sie, haben ihnen hier im Haus eine Wohnung beschafft, und jetzt schneiden sie uns. Diese Snobs nutzen Leute wie uns nur aus. Ich möchte nicht, dass du dich ihnen näherst. Ich habe euch beobachtet. Worüber habt ihr geredet?«

»Über gar nichts. Sie hat gefragt, ob es uns gut geht, und sich dann nach dir erkundigt. Ich habe nur geantwortet: ›Alles bestens.‹ Das war alles.«

»Ich weiß, dass du lügst. Ich verbiete dir, mit den Nachbarn zu reden.«

Doch die Leute im Haus kannten mich praktisch alle, zumindest vom Sehen, schließlich wohnte ich seit vier Jahren hier. Ich traf sie im Lift, im Keller, vor der Schule. Die Mütter grüßten mich. »Hallo Henriette, wie geht's?«

Wenn Fabiola das mitbekam, ging sie an die Decke. »Woher kennst du diese Person? Woher weiß sie deinen Namen?«

»Sie hat gehört, wie die Kinder mich riefen. Oft erkundigen sich auch Eltern nach meinem Namen, wenn wir gemeinsam vor der Schule auf die Kinder warten. Ich kann den Leuten doch schlecht sagen: ›Ich habe keinen Namen.‹«

»Du hast ein zu loses Mundwerk.«

Schließlich schaffte es Fabiola mit ihrem ständigen Genörgel, dass ich aufhörte, mich mit den Leuten auf der Straße zu unterhalten. Wenn jemand sich erkundigte, wie es mir ging, murmelte ich nur: »Es geht.« Das war's.

Nicolas, ein Nachbarsjunge von etwa zwanzig Jahren,

kam regelmäßig bei uns vorbei, aber ich sprach nie mit ihm, weil Fabiola immer zu Hause war. Eines Tages hörte ich sein typisches Klopfen an der Tür. Die Kinder machten ihm auf. Ich bereitete gerade ein afrikanisches Gericht zu, von dem er ein wenig probierte. Er lobte mich.

»Das ist ja köstlich. Es erinnert mich an meine Reise in den Senegal. Aber sag mal, du schuftest doch seit Jahren ohne Pause, du musst doch eine Menge Geld gespart haben. Warum fährst du nicht einfach mal in Urlaub?«

»Ich arbeite jetzt fast vier Jahre für die Calmars und besitze keinen Pfennig.«

»Wie hast du Fabiola kennen gelernt?«

»Jemand brachte mich zu ihr.«

Einige Tage später kam er wieder. Er sagte Fabiola, dass er mein Gericht probiert und es ihm köstlich geschmeckt hätte. Das gefiel ihr überhaupt nicht.

Sie fuhr mich an. »Henriette, hast du Nicolas zu essen gegeben? Wer hat dir gesagt, dass du Essen verteilen darfst?«

»Ich habe ihm nichts gegeben! Ich habe gerade gekocht, da kam er und hat sich bedient.«

Nicolas sprang mir zur Seite. »Das stimmt, sie hat mir nichts gegeben, das Essen roch so köstlich, da wollte ich einfach mal probieren.«

Doch statt es dabei bewenden zu lassen, fügte er hinzu: »Ich finde das merkwürdig, dass du Henriette nicht bezahlst. Ich dachte, sie wäre ein Au-Pair-Mädchen.«

Als Fabiola schwieg, wiederholte er die Frage. Diesmal antwortete sie.

»Nicolas, du bist zu neugierig. Und außerdem: Wenn du kommst und ich nicht da bin, wirst du nichts essen.«

Er lachte, als ob Fabiola gescherzt hätte – er hatte ja keinen Grund, sich vor ihr zu fürchten. Doch sobald er die

Tür hinter sich geschlossen hatte, wies Fabiola mich zurecht.

»In Zukunft öffnest du niemandem mehr, wenn ich nicht da bin. Sollte jemand klingeln, erkundigst du dich, wer es ist, und sagst, dass ich nicht daheim bin.«

Im Erdgeschoss des Wohnhauses gab es einen großen Raum, in dem die Kinder bei schlechtem Wetter spielen konnten. Eines Sonntags brachte ich Alice und Julien dorthin, die beiden Großen verbrachten den Tag auf dem Land.

Der Portier sah mich und fing an zu plaudern.

»Du verbringst so viel Zeit mit den Kindern, man könnte meinen, es wären deine.«

»Ein wenig sind sie das auch.«

»Was machst du eigentlich außerdem? Ich sehe dich nie mit irgendwelchen Freunden, immer passt du auf die Kinder auf oder gehst einkaufen. Machst du manchmal Urlaub? Besuchst du deine Familie?«

»Nein.«

Ich sagte kein weiteres Wort. Trotzdem hat er die Sache offenbar Fabiola gegenüber erwähnt. Als sie in die Wohnung kam, kochte sie vor Wut.

»Was hast du dem Portier erzählt? Ich verbiete dir, den großen Raum unten je wieder zu betreten.«

Fabiola fand eine hervorragende Methode, mich zu überwachen: Sie schickte einen der Großen mit, wo immer ich auch hinging. Nach unserer Rückkehr konnte Fabiola das Kind dann ausfragen.

»Und? Was hast du mit Henriette gemacht? Wo seid ihr hingegangen? Habt ihr jemanden getroffen?«

Eines Tages platzte mir der Kragen.

»Jetzt reicht's! Ich gehe zur Polizei.«

»Na und? Die wird dich nach Afrika zurückschicken.«

»Das ist mir egal.«

»Dort werden dich alle verspotten, wenn du mit leeren Händen aufkreuzt. Die Zeiten haben sich dort geändert, glaub mir, ich fahre ja oft genug hin. Dort zählt nur noch Geld, viel Geld. Außerdem will dich dort keiner – sonst wärst du ja nicht hier ...«

Sie ahnte, wie sehr mich der Verrat meiner Familie schmerzte, und wühlte mit größtem Vergnügen in dieser Wunde. Immer wieder gingen mir ihre Worte im Kopf herum, ich fragte mich verzweifelt, was ich verbrochen hatte, um derart von den Meinen verstoßen zu werden.

Zur Feier ihres Hochzeitstages beschlossen die Calmars, ein großes Fest zu geben. Schon zwei Tage vor der Feier fingen wir an, Kuchen und Kekse zu backen, ein armenisches Gericht, Kürbisse, alles, was in den Ofen kam. Am nächsten Tag bereiteten wir Fleisch, Fisch und das Couscous vor, am Morgen des letzten Tages Gemüse, marokkanische Salate und Reis. Dann kamen die Gäste, scharenweise. Freunde von François und von Fabiola. Zwei Tage lang feierten sie, immer gab es reichlich zu essen und zu trinken.

Als der letzte Gast gegangen war, musste alles aufgeräumt und gesäubert werden. Wir hingen alle in den Seilen. Ich putzte das Bad und das Wohnzimmer und ging in die Küche, wo ich den Eimer mit dem dreckigen Wasser und den Schrubber abstellte. Plötzlich erschien Fabiola hinter mir, nahm den Eimer und schüttete mir das Dreckwasser über den Kopf. Erschrocken schrie ich auf und schnappte nach Luft. Pudelnass stand ich da. In diesem Augenblick wäre ich am liebsten gestorben.

Ich wusste nicht einmal, womit ich Fabiola so erzürnt hatte.

Schweigend zog ich meine Sachen aus, warf sie in den

Mülleimer und stellte mich unter die Dusche. Als ich wiederkam, zitterte ich immer noch. Ich nahm einen Putzlumpen und wischte die Sauerei auf dem Boden auf.

Danach trug ich die großen Töpfe in den Keller – und beschloss, dort zu bleiben. Ich legte mich in eine Ecke und blieb über fünf Stunden dort, bis ich völlig durchgefroren war, Hände, Füße, alles. Ich beschloss, nach oben zu fahren, und rief den Lift. Als dessen Türen aufgingen, stand Fabiola vor mir. Von meinem Fernbleiben beunruhigt, hatte sie die Kinder allein zurückgelassen und sich auf die Suche nach mir gemacht.

»Wo warst du?«

Ich schwieg.

»Was hast du gemacht?«

Ich schwieg und schlotterte. Sobald ich oben ankam, zog ich mehrere Pullover übereinander an.

In der folgenden Woche spürte ich, dass ich mich unbedingt jemandem anvertrauen musste, sonst würde ich draufgehen.

Am Sonntag fuhr ich wie immer hinauf, um François' Büro sauber zu machen. Auf dem Rückweg blieb ich vor Mathildes Tür stehen, ohne recht zu wissen, was mich zu ihr hinzog. Ich klopfte.

»Henriette? Aber was ist denn los?«

Ich brachte keinen Ton heraus, wie gelähmt stand ich vor ihr.

»Komm doch rein, setz dich hin. Was gibt's? Willst du mir etwas sagen?«

Ich konnte nicht, die Worte blieben mir plötzlich im Hals stecken.

Sprachlos saß ich da, eine geschlagene Minute lang. Dann murmelte ich: »Ich muss jetzt gehen.«

»Jetzt sag schon, was hast du auf dem Herzen?«

Eine Woche später ging ich wieder zu Mathilde. Ich musste mich ihr um jeden Preis anvertrauen, auch wenn sie sich weigern würde, mir zu glauben.

»Ich brauche unbedingt fünfzig Francs.«

»Was willst du denn mit dem Geld anstellen?«

»Eine Telefonkarte kaufen und meine Mutter anrufen.«

»Und was willst du ihr sagen?«

»Ich muss wissen, warum sie mich gehen ließ.«

»Du kannst von hier telefonieren.«

Ich war wie gelähmt und rührte mich keinen Zentimeter.

»Nur zu! Da steht das Telefon.«

Sie wählte für mich und gab mir den Hörer in die Hand. In Lomé ging eine Frau meines Vaters an den Apparat. Weder mein Vater noch meine Mutter waren da.

Ich legte auf. Doch statt zu gehen, blieb ich sitzen. Ich fand einfach nicht mehr die Kraft aufzustehen.

Mathilde brachte mir etwas zu trinken, Apfelsaft. Als ich ging, steckte sie mir hundert Francs zu.

»Davon kannst du dir eine Telefonkarte kaufen und deine Familie anrufen.«

Aber wo sollte ich den Schein verstecken? Fürs Erste faltete ich ihn zusammen und schob ihn unter meine Sachen. Noch am gleichen Abend durchsuchte Fabiola meinen Koffer und fand das Geld.

»Woher hast du das?«

»Das ist meines.«

»Wer hat es dir gegeben?«

»Es gehört mir. Ich habe es nicht gestohlen, das schwöre ich.«

Sie nahm es mir weg und so konnte ich meine Familie nicht mehr anrufen. Zwei Sonntage darauf klopfte ich wieder bei Mathilde. Sie begrüßte mich mit den Worten:

»Ich habe mir schon Sorgen gemacht. Hast du deine Familie angerufen?«

Ich erzählte ihr, dass Fabiola das Geld konfisziert hatte.

»Dann telefoniere von hier.«

Ich rief in Lomé an, mein Vater ging dran.

»Hallo?«

»Hallo, ich bin's, Henriette.«

Mehr brachte ich nicht heraus. Ich fing zu weinen an.

»Henriette, was hast du? Bist du krank?«

»Nein.«

»Warum weinst du dann?«

»Ich weiß nicht. Warum hast du mich gehen lassen? Warum habe ich Togo verlassen?«

»Aber du hast es doch so gewollt. Geht's dir gut?«

»Ja, mir geht's gut.«

Ich legte auf. Mein Vater war mir völlig fremd geworden, ich konnte ihm nicht mehr sagen, was ich auf dem Herzen hatte. Ich hätte mich zwar gern mit ihm unterhalten, wusste aber nicht, wie ich ihm meine Notlage schildern sollte.

Ich ging.

Einige Sonntage später sah ich wieder bei Mathilde vorbei.

»Henriette, ich weiß nicht, wie ich dir helfen könnte. Ich habe keine Freunde hier in Frankreich, ich komme aus Dänemark und spreche nur schlecht Französisch. Das Einzige, was ich tun kann, ist, dich hier zu empfangen, wenn du reden willst, und dir zu Essen zu geben, wenn du Hunger hast. Ich kann dir nicht einmal Geld geben, weil sie es dir wegnehmen würde.«

Ich vermutete, dass sie mir nicht glaubte. Doch wie auch immer: Niemand konnte mir helfen. Weder meine Eltern noch mein Onkel rührten auch nur den kleinen Finger für mich, wie sollte mir da eine Nachbarin helfen?

161

Zwei Monate später besuchte ich Mathilde wieder. Aufgeregt sprudelte sie los.

»Ich habe Leute gefunden, die bereit sind, dir zu helfen!«

»So?«, fragte ich zweifelnd.

»Sie gehören einem Verband an, wollen dich treffen und dir einige Fragen stellen. Hast du einen Ausweis?«

»Ich habe einen Pass, beziehungsweise Fabiola hat ihn. Sie sagt, sie braucht ihn, um mir gültige Papiere ausstellen zu lassen.«

»Kommt du irgendwie an ihn heran? Denn du musst nachweisen, dass du schon lange in Frankreich und bei Fabiola bist. Hast du vielleicht noch einen anderen Beweis?«

Ich dachte an die zwei Fotos, die Catherine gemacht hatte, als ich Alice badete, unmittelbar nach meiner Ankunft bei den Calmars. Die Fotos klebten in Clémences Album. Ich nahm sie heraus und brachte sie Mathilde.

Später bat ich Fabiola um meinen Pass.

»Was willst du denn mit deinem Pass?«

»Ich habe mit meinem Vater geredet, er braucht ihn für irgendeine Behörde und muss ihn verlängern lassen.«

»Wie konntest du ihn überhaupt anrufen?«

»Mit einer Telefonkarte, die Mamie mir geschenkt hat. Sie dachte, sie sei leer, aber neulich habe ich sie in einer Telefonzelle ausprobiert ...«

»Und hast wie zufällig noch ein paar Einheiten entdeckt! Du verheimlichst mir etwas! Ich werde deinen Vater anrufen. Wo habe ich seine Nummer gleich wieder hingetan? Sag du sie mir!«

Ich gab ihr eine falsche Nummer. Irgendwo in Afrika klingelte dann ein Telefon.

»Keiner da.«

»Ich brauche den Pass aber.«

162

»Wir machen eine Kopie. Die kannst du ihm schicken.«

Eine Kopie, das wäre Beweis genug.

Gerade als wir die Wohnung verlassen wollten, klingelte das Telefon. Eine Freundin Fabiolas war dran. Fabiola streckte mir den Pass entgegen.

»Nimm ihn, geh in den Supermarkt, mach dort die Kopien und bring ihn mir sofort zurück.«

Das tat ich, doch als ich schon wieder im Lift nach oben stand, entschied ich mich anders. Ich fuhr in den Keller hinunter und schob den Pass unter der Tür zu unserem Kellerabteil durch – den Schlüssel für das Abteil konnte ich natürlich nicht vorher holen. Dennoch ging ich damit kein allzu großes Risiko ein, weil Fabiola nie in den Keller ging.

Anschließend fuhr ich nach oben und klingelte. Sie öffnete die Tür, nahm die Kopien und fragte: »Wo ist der Pass?«

»Den habe ich verloren.«

»Was? Du machst wohl Witze? Wo hast du ihn hingelegt? Du kannst hier ohne Papiere nicht bleiben!«

»Ich habe ihn wohl auf dem Kopierer vergessen.«

»Dann hol ihn!«

Ich stand schon am Aufzug, da stürmte Fabiola aus der Wohnung.

»Warte! Ich komme mit!«

Mein Herz schlug zum Zerspringen. Verzweifelt suchte ich nach einer glaubhaften Geschichte.

Im Supermarkt ließ sie mir nicht einmal die Zeit, den Deckel des Kopierers hochzuheben, sondern riss ihn gleich selbst auf.

»Nichts! Du bist doch verrückt!«

Sie wandte sich an den Verantwortlichen, doch niemand hatte etwas abgegeben. Unverrichteter Dinge zogen wir ab.

»Henriette, du lügst erbärmlich schlecht. Du hast ihn, da bin ich mir sicher. Gib ihn mir!«

Am Abend besprach sie die Angelegenheit mit François. Ich stand im Bad, doch sie redeten so aufgeregt, dass ich alles mitbekam.

»Wenn jetzt irgendetwas passiert, ist das allein dein Fehler, Fabiola. Du hättest ihr nie den Pass geben dürfen.«

Dann kamen sie zu mir ins Badezimmer und beugten sich zu mir herunter wie zu einem Kind, das den Hausschlüssel verloren hat, das man aber nicht zu sehr bedrängen will, damit es nicht erschrickt.

»Henriette, du weißt doch, dass man in Frankreich nicht ohne Ausweis leben kann, das wäre gefährlich.«

Ich hatte mir die Antwort darauf bereits zurechtgelegt. »Monsieur, seit ich bei Ihnen bin, und das sind jetzt bald fünf Jahre, haben Sie sich nie um meine Papiere gekümmert. Ihre Frau sagte mir, dass sie mich als ihre Schwester ausgeben würde, aber bis heute gibt es von gültigen Papieren für mich keine Spur. Und plötzlich verlangen Sie von mir den Pass, jetzt plötzlich drängt die Zeit, jetzt plötzlich kann ich ohne Papiere hier nicht leben ...«

»Fabiola, dieses Gör geht mir auf die Nerven. Ich will nicht mehr mit ihr reden, ich will sie nicht einmal mehr sehen. Und auf jeden Fall ist das dein Problem.«

Dann ging er. Ich spürte, wie unruhig sie wurden, und das bereitete mir ein teuflisches Vergnügen. Es war, als ob die Angst plötzlich ins andere Lager übergelaufen wäre. Fabiola spielte die Fürsorgliche.

»Henriette, du kannst mir alles anvertrauen, das weißt du. Ich will dir mit deinen Papieren helfen. Bis jetzt bin ich nicht dazu gekommen, weil ich dafür nach Afrika fahren müsste. Aber Sabria hat mir versprochen, sich vor Ort darum zu kümmern. Du wirst Papiere bekommen, als ob du meine eigene Schwester wärst.«

»Jetzt, wo ich den Pass verloren habe, ist es ohnehin zu spät.«

»Ich weiß nicht, was mit dir los ist, aber du hast dich verändert. Lass mich in Frieden.«

Am nächsten Tag schickte Fabiola mich in den Keller, wo ich den Pass unter den großen Koffern versteckte. Dort würde sie nie suchen.

Jeden Abend rief Fabiola mich zu sich.

»Wo ist dein Pass?« Sie versuchte es auf jede erdenkliche Art, mit Drohungen und mit Versprechungen.

»Bald fliegst du nach Togo zurück, das wird großartig, die Kinder werden dich besuchen ...«

Schließlich rief sie meinen Onkel zu Hilfe. Sie gab mir den Telefonhörer. Mein Onkel sagte: »Henriette, wo ist dein Pass? Seit wann entwickelst du einen eigenen Kopf? Seit wann übernimmst du die Initiative? Bring ihn zurück, sonst werde ich wirklich zornig!«

Am folgenden Sonntag war ich mit Alice allein. Fabiola schickte mich um Minze und Soja zum chinesischen Laden an der Ecke.

»Und nimm Alice mit!«

Auf dem Rückweg musste ich im Keller vorbei, um den großen Reistopf zu holen. Doch ich fuhr direkt in den Keller, mit Alice, die sich im Dunkeln fürchtete. Über kurz oder lang würde Fabiola das Abteil durchsuchen, schließlich musste ihr klar sein, dass mir kein anderes Versteck übrig blieb. Leider war Mathilde nach Dänemark gereist, ihr konnte ich meinen Pass also nicht anvertrauen. Doch ich hatte in Ruhe nachgedacht und eine andere Lösung gefunden. Ich ging mit Alice zum Einkaufszentrum und dort in Milvas Atelier. Milva, eine libanesische Mode-

165

macherin, wohnte ebenfalls in unserem Haus und hatte schon kleinere Arbeiten für Fabiola erledigt. Milva war sehr gläubig und hatte mir manchmal ermutigende Worte zugeflüstert.

Ich betrat ihr Geschäft und legte den Pass auf den Ladentisch.

»Könnten Sie den aufbewahren? Ich weiß niemanden, dem ich ihn sonst geben könnte, und Fabiola durchsucht alle meine Sachen.«

Stumm sah sie den Pass an. Dann nahm sie ihn entgegen.

»Geben Sie ihn mir zurück, wenn ich Sie darum bitte, nicht früher.«

Danach lief ich los, um die Einkäufe zu erledigen. Alice zog ich hinter mir her. So schnell es ging, fuhr ich wieder nach oben zu Fabiola.

»Wo warst du? Du warst ja stundenlang weg!«

»Beim Chinesen standen die Leute Schlange.«

Ich glaubte, mein Plan sei geglückt. Doch eine Woche später kam Fabiola triumphierend nach Hause.

»Ich weiß, wo dein Pass ist. Milva hat mir alles anvertraut.«

Ich schwieg und war wie vom Donner gerührt. Milva hatte mich verraten.

Plötzlich klingelte es an der Tür. Ich öffnete. Draußen stand Milva, die Fabiola bis hierher gefolgt war. Sie sagte: »Henriette, ich wollte dir nur sagen, dass ich deinen Pass immer noch habe ...«

Fabiola stürzte in die Diele und fing an zu schreien.

»Ich will dieses Weib nicht in meiner Wohnung haben. Schmeiß sie raus!«

Milva rührte sich nicht vom Fleck, sondern sprudelte los: »Henriette, ich habe nichts verraten, sie ist zu mir ins Geschäft gekommen und hat behauptet, du hättest alles gestanden ...«

Fabiola warf ihr die Tür vor der Nase zu.

Jetzt wusste ich gar nicht mehr, was ich denken sollte. Doch eines war klar: Der Pass befand sich immer noch in Milvas Besitz.

Seit ich meinen Pass an mich gebracht hatte, hatten sich die Verhältnisse umgekehrt: Jetzt fürchtete ich mich nicht mehr vor den Calmars, dafür hatten sie Angst vor mir. Fabiola änderte den Ton, in dem sie mit mir sprach, hörte auf, mich anzubrüllen, und versuchte, mich durch Schmeicheleien einzuwickeln.

Gleichzeitig verstärkte sie ihre Überwachung, sie ging sogar so weit, mich zu beschatten. Einmal entdeckte ich sie hinter einem Regal, als ich im Supermarkt an der Kasse stand. Oder sie stieß »spontan« zu uns, während ich die Kinder im Park spazieren führte – das hatte sie früher nie getan.

Wenn sie mich früher mit Alice oder Julien allein in der Wohnung ließ, gab sie mir den Wohnungsschlüssel, für alle Fälle. Jetzt aber schloss sie mich und die Kleinen ein, damit ich nicht in ihrer Abwesenheit verschwand. Wenn ich die Kinder von der Schule abholte und Fabiola nicht zu Hause war, hinterließ sie vorher den Wohnungsschlüssel beim Portier. Dort holte ich ihn mir, sperrte auf und brachte ihn sofort zurück. Auf diese Weise konnte ich die Wohnung nicht mehr ohne Fabiolas Wissen verlassen.

Sie hatte wirklich große Angst.

Dann kamen die großen Ferien. Am ersten August räumte ich in der Küche gerade den Kühlschrank aus, weil wir am nächsten Tag aufs Land fahren würden. Um ein Uhr nachmittags klingelte es an der Tür. Ich machte auf.

Auf dem Treppenabsatz standen sechs Personen, vier

Männer und zwei Frauen. Als sie mich sahen, fingen sie an zu lachen. Ich verstand gar nichts.

»Was wünschen Sie?«

»Heißen Sie Henriette?«

»Ja.«

»Ist sonst noch jemand in der Wohnung?«

»Ja, Monsieur und Madame Calmar.«

»Wir sind Polizisten vom dreizehnten Revier und werden sie dorthin mitnehmen.«

Fabiola kam herbei.

»Meine Herren, treten Sie doch bitte ein!«

Bei dem Wort »Polizisten« war sie zur Tür gestürzt. Gleichzeitig kam Monsieur aus seinem Zimmer.

»Treten Sie doch ein, meine Herren. Sie arbeitet bei uns, noch kaum eineinhalb Jahre. Ihr Vater ist Polizeikommissar in Togo, ihr Onkel wohnt in der Bretagne.«

All das sprudelte sie hervor, ohne dass jemand ihr eine Frage gestellt hätte.

»Setzen Sie sich doch.«

»Oh, nein, Sie werden zu uns ins Revier kommen, alle beide, um vierzehn Uhr.«

»Aber ich muss meine Kinder vom Freizeitzentrum abholen. Ich habe niemanden, der einspringen könnte.«

»Regeln Sie das, wie Sie wollen. Die Vorladung gilt für vierzehn Uhr.«

Dann wandten sich die Polizisten an mich. »Haben Sie Ausweispapiere?«

»Nein.«

»Natürlich hat sie einen Pass, wir wissen aber nicht mehr, wo sie ihn hingetan hat. Sie ist kaum achtzehn Monate hier, bis jetzt sind wir noch nicht dazu gekommen, ihr eine ständige Aufenthaltsgenehmigung ausstellen zu lassen ...«

Ich folgte den Polizisten. Im Auto fragten sie mich: »Wissen Sie, warum wir gelacht haben, als Sie die Türe aufmachten?«

»Nein.«

»Als die Dame Anzeige erstattet hat ...«

»Welche Dame?«

»Ihre Nachbarin, Dänin.«

»Ach ja!«

»Wir haben sie gefragt, wie wir Sie erkennen sollten, und sie hat gesagt: ›Da können Sie sich nicht vertun, sie trägt immer zerrissene Kleidung.‹«

Wie wahr! Als ich die Türe aufmachte, trug ich praktisch nur Fetzen am Leib. Darüber mussten sie lachen. Auch jetzt im Auto prusteten sie immer wieder los. Ich selbst konnte nicht einmal lächeln, so überrascht und verwirrt war ich.

Als wir im Revier ankamen, sagte ein Polizist: »Jetzt nehmen wir Ihre Aussage auf.«

Die zwei leitenden Beamten setzten sich mir gegenüber, ein anderer saß an der Seite, vor einer Computertastatur.

»Was tragen Sie bei sich?«

Ich hatte nichts außer dem Goldkettchen, das meine Mutter mir geschenkt hatte. Ich legte es auf den Tisch.

»So, und jetzt erzählen Sie uns alles, ohne irgendetwas zu verheimlichen. Wann und wie sind Sie eingereist?«

Ich erzählte meine Geschichte, von Beginn an. Man hatte mir ständig eingebläut, dass die Polizei mich nach Afrika zurückschicken würde. Doch bevor sie das tat, wollte ich zu Protokoll geben, was ich in Frankreich durchgemacht hatte. Ich berichtete von Simone, die mich mit dem Versprechen aus Togo gelockt hatte, dass ich zur Schule gehen würde. Ich erzählte, wie ich in der Porte Dorée neben Stéphanie auf dem nackten Boden geschlafen hatte, wie ich von Simone zu den Calmars gewechselt war, wie ich von sieben Uhr morgens bis nach Mitternacht geschuftet und vier Kinder versorgt und nie eine Bezahlung erhalten hatte. Meine Aussage dauerte fast zwei Stunden. Der Polizist, der das Protokoll aufnahm, murmelte zwischendrin immer wieder fassungslos: »Unglaublich, was es für Leute gibt ...«

Schließlich hatte ich geendet.

»Wir müssen Sie hier behalten, schließlich besitzen Sie keine gültige Aufenthaltsgenehmigung.«

Ich wurde in eine kleine, kalte, leere Zelle geführt und umklammerte mein Goldkettchen, das die Polizisten mir zurückgegeben hatten. Während meiner Aussage hatte ich die Erinnerungen an die schlimmsten Momente der letzten vier Jahre wieder aufleben lassen. Die Suche nach einem besseren Leben hatte mich nach Frankreich geführt – und jetzt hockte ich eingesperrt in dieser Zelle, obwohl ich nichts Böses getan hatte. Ich hatte keine Ahnung, welches Schicksal mich erwartete. Fast drei Stunden lang weinte ich ohne Unterlass, meine Augen waren ganz verheult, als ein Polizist die Tür öffnete.

»Wollen Sie etwas trinken?«

Doch ich hatte keinen Durst.

»Später werden Sie abgeholt, von Mitarbeitern des Komitees zur Abschaffung moderner Sklaverei. Sie werden sich um Sie kümmern, bis alles in Ordnung gebracht ist. Sie mussten viel erleiden, aber jetzt ist alles vorbei.«

Reglos saß ich auf meiner Pritsche, fror an den Händen, am Rücken, überall. Selbst meine Gedanken waren wie eingefroren. Da betraten ein Mann und eine Frau die Zelle. Sie stellten sich als Christina und Joachim vor, vom *Comité contre l'esclavage moderne.*

»Ich friere.«

Der Mann zog seine Jacke aus und legte sie mir um die Schultern. Doch das genügte nicht. Also zog auch die Frau ihre Jacke aus und gab sie mir. Einen Moment lang saß ich schlotternd da.

»Sollen wir gehen?«, fragte Joachim dann.

Ich nickte.

Und verließ mein Gefängnis.

Paris mit hoch erhobenem Kopf

Ich brauchte lange, bis ich verstanden hatte, dass ich frei war. Die ersten zwei Wochen vergrub ich mich in dem Zimmer, das mir das Komitee zur Verfügung stellte. Ich fürchtete, zu den Calmars zurückgebracht oder von meinem Onkel gefunden zu werden.

Ich war entkommen, doch ich war wie betäubt. Ich spürte nichts, außer schrecklichen Kopfschmerzen, und wollte niemanden sehen. Ich kam mir anormal vor, als ob ich nicht mehr der Menschheit angehörte.

Doch dann kam mir ein Gedanke: »Wenn ich nichts unternehme, hat Fabiola gewonnen.« Und so erhob ich ganz langsam den Kopf. Ich beschloss, die Calmars anzuzeigen. Sie hatten mir so viel Leid angetan, ich wollte, dass alle Welt erfuhr, wie viel Leben, wie viel Freude sie mir geraubt haben.

Man brachte mich ins Krankenhaus, wo man mir Blut abnahm, mich röntgte und gynäkologisch untersuchte. Ich litt unter Anämie, was meine allgemeine Schwäche erklärte, meine Schwindel- und Migräneanfälle.

Einen Monat später stellte mir das Komitee den Maître Morain vor, einen Anwalt, der sich bereit erklärt hatte, meinen Fall zu übernehmen. Ausführlich erzählte ich ihm meine Geschichte, wobei ich die Tränen nicht zurückhalten konnte.

Ich begann, regelmäßig die Treffen des Komitees zu besuchen. Dort hielt ich mich im Hintergrund und hörte den Erzählungen der anderen Opfer zu. Auf diese Weise erfuhr ich von Céline, einem Mädchen aus Benin, das als Hausangestellte eines afrikanischen Botschafters nach Paris gekommen war. Man hatte auch ihr versprochen, dass sie nur auf die Kinder aufpassen müsse, im Gegenzug könne sie die Schule besuchen. Tatsächlich aber schuftete sie den ganzen Tag im Haus und schlief im Flur auf dem Boden. Die Hausherrin beleidigte sie zuerst, dann schlug sie sie aus nichtigem Anlass. Die Schläge wurden immer schlimmer, bis ihre »Arbeitgeber« ihr eines Tages mehrere Zähne ausschlugen. Natürlich weigerten sie sich, Céline in eine Zahnklinik zu bringen. In der Folge entzündeten sich die Wunden, ihre untere Gesichtshälfte schwoll an, bis sie kaum noch reden oder essen konnte. Einmal schüttete die Hausherrin ihr heißes Öl in die Ohren und warf sie schließlich einfach auf die Straße. Céline konnte sich zu einer Beniner Familie retten, die sie sofort ins Krankenhaus brachte ...

Ich erinnere mich auch an Malgache, die ihre Tochter daheim zurückließ und nach Frankreich ging, um dort in einer Botschaft ein wenig Geld zu verdienen. Ihre »Arbeitgeberin« hatte ihr zwar Lohn versprochen, bezahlte ihr aber praktisch nie etwas. Malgache wurde gezwungen, drei verschiedene Haushalte und ein Büro zu putzen, danach musste sie kochen. Ein ganzes Jahr lang hatte sie keine Minute Ruhe, schlief jede Nacht nur wenige Stunden, und zwar auf dem Küchenfußboden.

Im Komitee erfuhr ich auch von einer Inderin, die im Alter von neun Jahren nach Frankreich gekommen war. Als ich sie traf, war sie dreißig, äußerst schmächtig und ausgezehrt, von den unzähligen Schlägen und Schikanen, die sie erdulden musste, buchstäblich klein gehalten. Ihr Körper war der einer Neunjährigen und auch geistig stand sie auf dieser Stufe. Sie hatte schrecklich gelitten. Als sie schließlich zur Polizei gebracht wurde, machten die Diensthabenden zuerst Fotos von ihren Händen. Haut und Fleisch waren wie zerfressen, sie hatte keinen einzigen Fingernagel mehr – die Hausherrin hatte sich angewöhnt, sie zu bestrafen, indem sie ihre Hände in kochendes Wasser steckte.

Das Komitee betreute etwa hundert Fälle. Jedes Opfer hatte seine eigene Geschichte, jedes Mädchen hatte gelitten. Sie waren ausgebeutet worden, gedemütigt, ausgehungert, aber auch geschlagen, angekettet, mit Messerstichen, Bügeleisen oder brennenden Zigaretten gefoltert, vergewaltigt und auf den Strich geschickt worden. Alle trugen Narben, innerlich und äußerlich. Manche waren schon sehr früh nach Frankreich gekommen, von ihrer eigenen Familie verschenkt oder verkauft.

Viele der Folterer entkamen wegen ihrer diplomatischen Immunität jeder gesetzlichen Bestrafung.

Wenn ich den Erlebnissen der anderen Mädchen zuhörte, vergaß ich mein eigenes Leid. Ihre Erzählungen entsetzten mich, gleichzeitig schöpfte ich aber auch Kraft aus ihnen. Denn obwohl diese Opfer Schreckliches durchgemacht hatten, schafften sie es zu lächeln und ein fast normales Leben zu führen. Warum sollte mir das nicht auch gelingen? Doch noch konnte ich mich nicht öffnen. Die Worte weigerten sich noch herauszukommen.

Christina überredete mich, mit einer Gruppe von Mädchen aus dem Komitee zum Baden zu gehen. Ich überwand meine Angst vor dem Wasser und stieg ins Becken. Die anderen amüsierten sich, schwammen um mich herum, doch mich ergriff sofort Panik, ich schluckte Wasser, bekam keine Luft mehr und floh wieder an den Beckenrand. Dort setzte ich mich auf die Stufen, wo sich die anderen langsam um mich versammelten. Stockend begann ich zu erzählen, während im Hintergrund das Gelächter und Geschrei der Badenden ertönte. Die Worte gingen mir ganz leicht von den Lippen, und je mehr ich erzählte, desto befreiter fühlte ich mich. Zum ersten Mal schaffte ich es, meine Geschichte zu erzählen, ohne in Tränen auszubrechen oder mich wie von einem gewaltigen Gewicht erschlagen zu fühlen.

An jenem Tag beschloss ich, schwimmen zu lernen.

Warum sollte ich das nicht schaffen? Die anderen konnten es doch auch. Ich nahm Schwimmstunden, der Lehrer ermutigte mich. Und so lernte ich in einigen Monaten Brustschwimmen und Kraulen. Zuerst eine Bahn, dann zwei, fünf, bis ich ebenso natürlich schwamm, wie ich ging. Wenn ich nach einer langen Strecke aus dem Wasser stieg, fühlte ich mich nicht müde, im Gegenteil: Mein Körper hatte aufgehört, eine Last zu sein, ich schwebte.

Ich war so stolz auf mich! Ich hatte Schwimmen gelernt. Jetzt bekam ich Lust, alles auszuprobieren, sollten die Leute doch denken, was sie wollten. Endlich begann ich, nach vorne zu blicken. Ich hatte wieder entdeckt, wie schön das Leben sein konnte.

Mathilde rief mich an; ich war überglücklich, von ihr zu hören. Sie sagte mir, dass sie ihre Zeugenaussage abgegeben habe und ich auf sie zählen könne, bis zum Ende. Wir trafen uns einige Male, sie wurde meine Patin. In ihrer Begleitung entdeckte ich das Paris, von dem ich früher geträumt hatte. Ich bat sie, mich auf den Eiffelturm mitzunehmen, auf den Montmartre, die Champs-Elysées. Ich sah Schleppkähne unter dem Pont-Neuf hindurchgleiten und den Regen aus den Wasserspeiern von Notre-Dame plätschern, ich saß auf den Terrassen riesiger Cafés und streifte durch die Säle des Louvre. Ich kam aus dem Staunen gar nicht mehr heraus. Ich hatte seit fünf Jahren in Paris gelebt, doch sicher hat sich kaum je ein Tourist so sehr für die Schönheiten der Stadt begeistert wie ich. Ich hatte ja keine Ahnung gehabt, wie großartig das Land war, in dem ich lebte!

Allmählich lernte ich, nicht mehr mit gesenktem Kopf zu gehen, ich hob das Kinn, sah den anderen in die Augen. Ich wurde ein anderer Mensch.

Aber um das Kapitel meiner Sklaverei endgültig abzuschließen, musste ich noch eine Prüfung bestehen. Maître Morain teilte mir mit, dass es aufgrund meiner Anzeige zu einem Prozess kommen würde. Die Calmars wurden unruhig. François erklärte, dass ihm niemand etwas anhaben könne, weil er beste gesellschaftliche Verbindungen habe. Dann versuchte er, Mathilde zu überzeugen, dass er immer vorgehabt habe, mich bald nach Afrika zurückzuschicken, mit einem Haufen Geld, damit ich mir dort eine Existenz aufbauen könne.

»Und bis dahin konnten Sie sie nicht in die Schule schicken?«, konterte Mathilde.

»Aber meine Frau ...«

»In meinen Augen sind Sie genauso schuldig wie sie.«

Der Termin für die Verhandlung wurde festgesetzt. Je näher er rückte, desto nervöser wurde ich. Doch mein Anwalt, Maître Morain, betete mir immer wieder vor, dass ich beruhigt sein könne. Er würde immer bei mir sein, ich müsse lediglich wiederholen, was ich ihm mitgeteilt hätte.

»Fürchtest du dich, den Calmars gegenüberzutreten?«

»Nein, jetzt nicht mehr. Als ich in ihrer Gewalt war, hatte ich Angst vor ihnen. Aber heute sollten sie sich vor mir fürchten!«

Ich sagte das, um mir selbst Mut zu machen. In Wahrheit

hatte ich solche Angst, dass ich in den letzten achtundvierzig Stunden vor dem Prozess weder ein Auge zutat noch einen Bissen hinunterbrachte.

Am besagten Tag platzte der Gerichtssaal aus allen Nähten, etliche Leute mussten sogar stehen. Madame Calmar traf ein, mit ernster Miene. Bei ihrem Anblick fing mein Herz wie wild zu klopfen an. Sie würdigte mich keines Blickes.

Monsieur trat als Erster in den Zeugenstand.

Der Richter deutete auf mich. »Monsieur Calmar, kennen Sie dieses Mädchen?«

»Nein.«

»Sie haben Sie nie gesehen?«

»Doch, bei uns.«

»Aha. Und haben Sie sich nie gefragt, was sie bei Ihnen tut?«

»Sie half meiner Frau.«

»Sie *half* Ihrer Frau? Wollen Sie damit sagen, sie habe für sie gearbeitet?«

»Ich weiß nicht, ob man so etwas Arbeit nennen darf. Die meiste Zeit verbrachte sie vor dem Fernseher.«

»Haben Sie irgendetwas unternommen, um eine gültige Aufenthaltsgenehmigung für sie zu erwirken? Sie wissen doch, dass es gegen das Gesetz verstößt, Menschen ohne Aufenthaltserlaubnis bei sich unterzubringen?«

»Ich nahm sie aus reiner Nächstenliebe auf.«

Ich hob meinen Blick. Er sah mich nicht an.

»Wie lang war sie bei Ihnen?«

»Fast zwei Jahre.«

»Welchen Lohn hat sie für die Arbeit erhalten, die sie im Haus leistete?«

»Wir haben für sie ein Sparkonto eingerichtet.«

»Wo?«

»Bei einer Bank.«

»Monsieur Calmar, ich fürchte, wir senden nicht auf der gleichen Wellenlänge. Ich habe Ihnen eine Frage gestellt und erwarte eine Antwort. Wo haben Sie dieses Geld eingezahlt?«

»Bei der Bank, bei der meine Frau ihr Konto hat.«

»Bei welcher Bank, Monsieur Calmar?«

»Crédit Lyonnais.«

Der ganze Saal merkte, dass er log, trotzdem taten mir diese Lügen weh. Gott war Zeuge dessen, was sich in jener Wohnung abgespielt hat. Er kannte die Wahrheit ebenso wie ich und die Calmars, auch wenn sie sich das nicht eingestehen konnten.

Danach wurde Fabiola vernommen. Sie verhielt sich viel schändlicher als ihr Mann, log wie gedruckt und strotzte nur so vor Bosheit. Mehrmals beteuerte sie, mich bezahlt zu haben, wusste aber nicht mehr, wohin das Geld verschwunden war. Sie gab auch vor, meinen Pass nie gesehen zu haben. Wenn man ihr zuhörte, konnte man meinen, dass ich mich nie um die Kinder gekümmert, nie gekocht, nie geputzt hätte. Schließlich unterbrach sie der Richter.

»Sie wollen mir doch nicht erzählen, dass sie sich die Nägel lackiert hat, während Sie schufteten?«

Paradoxerweise flößten mir die Lügen der Calmars zusätzliche Kraft für meine eigene Aussage ein. Ich schuldete ihnen keinen Gefallen mehr und würde alles haargenau schildern, was sie mir angetan hatten. Als ich in den Zeugenstand gerufen wurde, erzählte ich erneut die Geschichte meiner Ankunft in Frankreich, meiner Zeit bei Simone und bei den Calmars, meiner gescheiterten Flucht. Die Anwälte der Calmars unterbrachen mich häufig, doch Maître Morain verteidigte mich umsichtig. Meine Aussage dauerte fast zwei Stunden. Alle lauschten gebannt, einige Zuhörer fingen sogar an zu weinen. Nur Monsieur auf seiner Bank ereiferte sich. »Das ist nicht wahr. Alles gelogen!«

»Monsieur, schweigen Sie jetzt! Oder ich lasse Sie entfernen!«

Als ich schloss, sagte der Richter: »Sie dürfen sich jetzt setzen. Ihr Golgatha endet hier.«

Einen Monat später, am Tag der Urteilsverkündung, konnte ich keine Sekunde still sitzen. Der Vormittag wollte einfach kein Ende nehmen. Maître Morain hatte mich angewiesen, ihn anzurufen, doch ich wagte es nicht. Und er rief nicht an. Also hatten sie gewonnen. Ich hatte für nichts und wieder nichts gelitten – aber nicht nur ich hatte verloren, sondern auch Stéphanie, Phoebé, Kenza und alle Mädchen, die vom Komitee betreut wurden und nie die Chance zu einem Prozess bekommen hatten.

Endlich rief Morain an. »Wir haben gewonnen, Henriette! Du hast gewonnen! Sie sind verurteilt worden!«

Ein Jahr Gefängnis, davon sieben Monate ohne Bewährung, und hunderttausend Francs Strafe. Das konnte ich gar nicht glauben, ich war überrascht, wie hart die Strafe ausgefallen war. Wegen der Kinder hatte ich mir gar nicht gewünscht, dass die Calmars zu einer Haftstrafe verurteilt würden. Ich wollte nur, dass ihre Schuld anerkannt wurde. Ich weinte.

So verging mein Geburtstag – denn am Tag der Urteilsverkündung wurde ich zwanzig.

Die Calmars fochten das Urteil an, doch ich konnte meine Energie längst anderen Dingen widmen. Es wurde Zeit, meinem Leben einen Sinn zu geben. Seit dem plötzlichen Tod meiner Geschwister Charles und Gisèle hatte ich davon geträumt, Krankenschwester zu werden. Ich wollte anderen helfen. Und so bereitete ich mich im Sommer

1999 auf die Aufnahmeprüfung für eine Krankenpflege-
schule vor – und bestand! Ich belege Kurse beim Roten
Kreuz und arbeite gleichzeitig als Praktikantin in Kran-
kenhäusern. Vielleicht mache ich eines Tages meinen Traum
wahr.

Bei der Berufungsverhandlung sagte Monsieur Calmar,
er verstehe überhaupt nichts mehr, er habe mich doch
immer behandelt wie ein Familienmitglied. In seinen Augen handelte es sich bei der ganzen Geschichte um ein
Komplott der Medien, das sich gegen ihn und die Firma
richtete, für die er arbeitete. Fabiolas Anwalt zauberte
plötzlich eine Monatskarte für die Métro hervor, die auf
meinen Namen lautete und beweisen sollte, dass ich mich
frei bewegen konnte. Auch ein Sparkonto hatte sich plötzlich gefunden, auf das Fabiola monatlich tausend Francs
überwies.

Kühl wies Maître Morain darauf hin, dass die Monatskarte ja nicht viel benutzt worden sein konnte, da sie noch
nicht einmal gefaltet worden sei. Was das Sparbuch betraf:
Es lief nicht auf meinen Namen, sondern auf Madame
Calmar, und achtzehn Monate, nachdem ich die Familie
verlassen hatte, wurden die Einzahlungen immer noch fort-
gesetzt.

»Was für eine bewundernswerte Menschenfreundlich-
keit!«, spottete Maître Morain.

Trotzdem wurde die Strafe der Calmars in der Berufung
gemildert, mit gutem Grund. Sie waren zweifelsohne für
schuldig befunden worden, entgingen jedoch zum Wohle
der Kinder dem Gefängnis. Das sollte mir recht sein. Ich
war zufrieden: Ich hatte die Justiz auf meinen Fall aufmerk-
sam gemacht, einen Fall unter anderen und teilweise
schlimmeren. Vielleicht konnte das Urteil ähnliche Fälle
von Sklaverei verhindern.

Jetzt konnte ich wirklich ein neues Kapitel aufschlagen.

Beinahe jedenfalls. Denn eine klaffende Wunde musste noch verarztet werden.

Zwei Wochen, nachdem mich die Polizei aus den Händen der Calmars befreit hatte, rief ich in Lomé an. Meine Mutter ging dran und ich war so froh, sie zu sprechen, dass ich ganz vergaß, ihr von den neuesten Entwicklungen zu erzählen. Ich fragte sie nur, was sie an diesem Sonntag so gemacht habe. Hatte sie mit meinen Geschwistern den Gottesdienst besucht? Waren sie zusammen spazieren gegangen? Hatten sie ein Festmahl gekocht? Und was trieb mein Vater?

»Warum stellst du mir all diese Fragen?«

»Ich wollte nur sichergehen, dass ich all die Dinge nicht geträumt habe, die wir zusammen unternommen haben. Weißt du noch, wie wir im Wald spazieren gegangen sind? Wir haben miteinander geplaudert, Papa ist neben uns her gewandert.«

»Klar erinnere ich mich. Weißt du, ich habe dich sehr lieb.«

Tränen rannen über meine Wangen. Zum ersten Mal seit fast fünf Jahren hörte ich diese Worte.

»Henriette, weinst du?«

»Nein, nein«, sagte ich und legte auf.

Auch später startete ich noch einige Versuche, doch jedes Mal, wenn ich die Stimme meiner Eltern hörte, legte ich auf. Sie wussten immer noch nicht, dass ich die Calmars verlassen hatte. Zumindest nahm ich das an. Doch als ich endlich meinen Mut zusammengenommen hatte und mit meinem Vater sprach, sagte er, dass mein Onkel ihm schon alles erzählt habe.

»Habe ich das richtig mitgekriegt? Du bist jetzt in irgend

so einer Vereinigung und kannst die Klappe nicht halten? Von dem Komitee wirst du gar nichts bekommen, du wirst mit leeren Händen nach Afrika zurückkommen. All die Jahre zum Fenster hinausgeworfen ...«

Er glaubte mir immer noch nicht! Damit tat er mir zum zweiten Mal sehr weh. Und das Band zwischen uns war endgültig zerschnitten.

Doch ich beschloss, ihm zu beweisen, dass ich nicht gelogen hatte. Ich rief ihn am Tag der Verhandlung an, doch er war bereits auf dem Laufenden: Meine Geschichte wurde im Radio verbreitet.

»Ich bin mit ganzem Herzen bei dir, meine Tochter.«

Wie bitte? Mein Vater? Er, der sich bis zu jenem Tag geweigert hatte, mir zu glauben? Dieser Meinungsumschwung kam reichlich spät. Erst die Berichte über den Prozess hatten ihm die Augen geöffnet. Trotz meines andauernden Zorns auf ihn freute ich mich aber, endlich ein Wort der Unterstützung aus seinem Mund zu hören.

Einige Wochen nach dem Urteil rief ich wieder an. Meine Familie wusste bereits aus der Presse, dass ich den Prozess gewonnen hatte.

»Bravo, meine Tochter. Ich bin stolz auf ich.«

Mein Herz schlug schneller.

»Ja, ich habe gewonnen. Aber das habe ich ganz allein geschafft, ohne eure Hilfe. Damals, als ich euch gebraucht habe, habt ihr keinen Finger für mich gerührt ...«

»Das konnte ich doch nicht wissen. Ich habe anderen zu sehr vertraut, Yvonne, Simone, meinem Bruder.«

»Eine Sache beschäftigt mich noch: Hast du von Simone Geld bekommen?«

Denn im Komitee hatte ich erfahren, dass in vielen Fällen die Mädchen von ihren Eltern verkauft worden waren, oft für einen lächerlichen Preis, für Seife, Öl oder Reis. Ich wusste, dass meine Eltern das nicht nötig gehabt hätten, dennoch trieb mich diese Vorstellung um. Vor allem, weil ich mich noch an Fabiolas Worte erinnerte: »Henriette, ich habe Simone viel Geld gezahlt, damit sie mir ein Mädchen mitbringt.« In ihren Klauen war ich nichts als eine Ware.

Doch mein Vater stritt das energisch ab. »Ich schwöre dir, nie einen Centime von dieser Frau bekommen zu haben. Henriette, es tut mir Leid, dass ich dir nicht von Anfang an geglaubt habe. Ich bitte dich um Entschuldigung; ich glaubte, in deinem Interesse zu handeln.«

Doch ich konnte ihm nicht so einfach vergeben. In wie vielen Nächten hatte ich in Gebeten meinen Vater angerufen? Das Telefon stand immer vor seiner Nase, er hätte sich von meinem Onkel jederzeit Fabiolas Nummer geben lassen können. Doch er hat es nie getan. Er machte sich um mich keine Gedanken.

Ich kann mir noch so oft wiederholen, dass ich all das vergessen muss, dass ich aufhören muss, zornig auf meine Eltern zu sein. Dennoch kocht die Wut oft in mir hoch und ich frage mich, wie sie mich einfach meinem Schicksal überlassen konnten. Ich hatte ihnen unmissverständlich klar gemacht, dass ich nach Hause wollte, doch sie haben meinen Wunsch einfach ignoriert. Stattdessen haben sie Simone geglaubt, später meinem Onkel. Wie konnten sie vorgeben, mich zu lieben, wenn sie vier lange Jahre lang nichts für mich getan haben?

Am Telefon fing ich an zu heulen.

»Weine nicht, Henriette! Ich müsste weinen, nicht du ... Also, ich gebe dir mal deine Mutter.«

»Mama, warum hast du mich damals nicht zurückgehalten? Ich weiß, dass du nicht einverstanden warst ...«

»Damals war ich mit mir selbst beschäftigt. Ich hatte schon zwei Kinder verloren, einfach so, und spürte, dass ich auch dich verlieren würde. Ich bitte dich um Entschuldigung, ich habe nicht ernsthaft genug versucht, deinen Vater umzustimmen. Doch zu jener Zeit sprachen wir kaum noch miteinander. Wie auch immer: Mir blieb gar keine Wahl. Hätte ich dich zurückgehalten, hättest du mir das dein ganzes Leben lang vorgeworfen. So ließ ich dich ziehen, auch wenn ich fast sicher war, das zu bereuen. Wenn du wüsstest, wie gerne ich dich wiedersehen würde. Mittlerweile bist du sicher eine schöne junge Frau ...«

»Ich weiß nicht, ob ich dich oder meinen Vater noch brauche. Schließlich habe ich mich die ganze Zeit ohne euch durchgeschlagen.«

»Sag nicht so schlimme Dinge! Wann kommst du wieder?«

»Ich weiß nicht, Mama. Eines Tages, vielleicht. Ja, eines Tages werden wir uns wiedersehen.«

Nachwort

Sklavin in Paris

»Henriette, du warst immer sehr stark.« Diese wenigen Worte der Mutter waren Henriettes einziges Gepäck, als sie ihre Heimat Togo verließ, um in einem – wie sie glaubte – strahlenden Paris zu leben, von einer scheinbar außerordentlich bezaubernden Wohltäterin begleitet. Am Ende dieser Reise, die fünf Jahre dauerte, stand die Verurteilung eines französischen Ehepaares, das Henriettes Schutzlosigkeit jahrelang ausgenutzt hatte. War sie nun stark oder schutzlos?

Die Antwort lautet: beides.

Henriettes Bericht zeigt, wie viel Kraft dieses Mädchen brauchte, um der tagtäglichen Verachtung und Einschüchterung zu begegnen, um durchzuhalten. Er sollte alle Alarmglocken schrillen lassen und uns warnen. Dass wir überhaupt von ihrem Schicksal erfahren, haben wir dem *Comité contre l'esclavage moderne* (Komitee zur Abschaffung moderner Sklaverei) zu verdanken.

In ehrendem Angedenken an Victor Schoelcher haben wir im Jahr 1998 den 150. Jahrestag der Abschaffung der Sklaverei in den französischen Kolonien begangen und gleichzeitig den 50. Geburtstag der Allgemeinen Erklärung der Menschenrechte gefeiert, die 1948 in Paris verabschiedet wurde. Wie steht es heute um diese Menschenrechte? Sicher, gewisse Fortschritte sind zu verzeichnen, doch Henriettes Schicksal sollte alle, die für die Menschenrechte kämpfen, daran erinnern, dass der Krieg noch lange nicht gewonnen ist, selbst hierzulande nicht.

Wie die schon überwunden geglaubte traditionelle Sklaverei beruht auch die so genannte »moderne Sklaverei« auf Unterdrückung durch Gewalt, Folter und sexuellen Missbrauch. Henriettes Fall ist wegen seiner »Alltäglichkeit« so erschütternd: Ein junges Mädchen schließt sich einer neuen »Familie« an, um sich den Traum von einem französischen Schulabschluss zu erfüllen. Dann macht man ihr schnell klar, dass sie schon aus Solidarität gewisse Opfer bringen müsse – die dann bald größer und größer werden. Nicht einen Tag setzt sie den Fuß in eine Schule; stattdessen schuftet sie ohne Bezahlung in einem Haushalt und versorgt fremde Kinder, bis sie schließlich von einer Nachbarin gerettet wird.

Wie soll eine Fünfzehnjährige erkennen, ob sie als gute Tochter ihrem Vater gehorchen muss oder dieser seine Macht missbraucht?

Henriette merkte zwar sehr bald, dass man sie getäuscht hat, wusste aber nicht, dass das, was man ihr antat, illegal war. Sie kannte ihre unveräußerlichen Rechte nicht, die universelle Gültigkeit haben: in jedem Land, in jeder Kultur, gegenüber allen Menschen. Aus dieser Unwissenheit rührt ihre Schutzlosigkeit. Solange manche Menschen ihre grundlegenden Rechte nicht kennen, solange haben skrupellose Individuen bei der Ausbeutung ihrer Mitmenschen freie Bahn. Daher ist es unabdingbar, dass so viele Menschen wie möglich von ihren Rechten erfahren.

»Jetzt musst du an dich selbst denken!« Diese Worte

trichtern die Helfer vom *Comité contre l'esclavage moderne* den Geretteten immer wieder ein. Denn man muss lernen, nicht nur die Würde der anderen zu respektieren, sondern auch die eigene. Mit diesen Worten werden die Opfer moderner Sklaverei – zumeist junge Frauen aus armen Ländern – aufgefordert, nach Jahren des Missbrauchs ihr Schicksal wieder in die eigene Hand zu nehmen und ihr eigenes Leben zu leben. Ziehen wir den Hut vor dem Mut und der Entschlossenheit des Komitees, das die Opfer auf diesem schwierigen Weg begleitet.

Wir alle müssen uns am Kampf gegen die moderne Sklaverei beteiligen, ob als Bürger, Politiker, Richter oder Polizeibeamte. Es geht darum, die Menschenwürde zu wahren.

Robert Badinter

Danksagung

Den Verantwortlichen und den freiwilligen Helfern *Comité contre l'esclavage moderne,* des Komitees zur Abschaffung moderner Sklaverei, schulde ich unendlich großen Dank für ihre Unterstützung. Sie haben mir geholfen, ein neues Leben zu beginnen.

Als kleines Kind überlebt Liliane die Schrecken des Konzentrationslagers. Doch das Leben hält weitere Schicksalsschläge für sie bereit: Sie heiratet den Algerier Mohammed. Er nimmt sie mit in seine Heimat – und hält sie dort gefangen. 32 Jahre lang muss Liliane in einem entlegenen Bergdorf leben, einsam und von der fremden Familie unterdrückt. Das bewegende Zeugnis einer Frau, die trotz allem Leid den Glauben an das Leben nie verloren hat.

Liliane Amri

Einmal frei sein!
Meine 32 Jahre in einem islamischen Dorf
Deutsche Erstausgabe

Econ | **Ullstein** | List